中国优秀传统文化简明教程

主　　　编　　邓德艾
编委会主任　　姜正国
编委会副主任　邓德艾　陈剑旎　傅胜龙
编委会成员　　范　萍　聂劲松　彭铁光
　　　　　　　李　璐　张建朴　欧阳昌雄
　　　　　　　童一帆　王　莉　马　藜
　　　　　　　陈全宝　段德祥

北京理工大学出版社
BEIJING INSTITUTE OF TECHNOLOGY PRESS

版权专有 侵权必究

图书在版编目(CIP)数据

中国优秀传统文化简明教程 / 邓德艾主编. -- 北京：北京理工大学出版社，2023.8
ISBN 978-7-5763-2651-2

Ⅰ.①中… Ⅱ.①邓… Ⅲ.①中华文化 – 职业教育 – 教材 Ⅳ.①G634.301

中国国家版本馆 CIP 数据核字（2023）第 137118 号

责任编辑：李慧智　　**文案编辑：**李慧智
责任校对：周瑞红　　**责任印制：**边心超

出版发行 /	北京理工大学出版社有限责任公司
社　　址 /	北京市丰台区四合庄路 6 号
邮　　编 /	100070
电　　话 /	（010）68914026（教材售后服务热线）
	（010）68944437（课件资源服务热线）
网　　址 /	http://www.bitpress.com.cn

版 印 次 /	2023 年 8 月第 1 版第 1 次印刷
印　　刷 /	定州市新华印刷有限公司
开　　本 /	787mm×1092mm　1/16
印　　张 /	12.5
字　　数 /	236 千字
定　　价 /	39.80 元

图书出现印装质量问题，请拨打售后服务热线，负责调换

前言

  党的二十大报告阐明了中国式现代化的丰富内涵。2023年2月7日，习近平总书记在学习贯彻党的二十大精神研讨班开班式上的重要讲话指出："中国式现代化，深深植根于中华优秀传统文化，体现科学社会主义的先进本质，借鉴吸收一切人类优秀文明成果，代表人类文明进步的发展方向，展现了不同于西方现代化模式的新图景，是一种全新的人类文明形态。"

  中华民族的先人们坚持不懈地探索世界、创造文明，历经数千年形成了中国传统文化，它博大精深、源远流长，是世界优秀民族文化之一，也是四大古代文明延续至今的唯一硕果。

  习近平在全国宣传思想工作会议上的讲话中指出："中华优秀传统文化是中华民族的文化根脉，其蕴含的思想观念、人文精神、道德规范，不仅是我们中国人思想和精神的内核，对解决人类问题也有重要价值。"可见，在新时期学习和传扬优秀传统文化具有重大意义。青年学生应当通过学习优秀传统文化"培根""铸魂"，提升文化品位，培养人生志趣，承担社会责任，为中华民族的伟大复兴和实现中国式现代化贡献力量。

  本书基于这样的时代背景，以让学生领悟中国优秀传统文化思想和核心价值观，提高学生道德修养和人文素养，使学生热爱并积极弘扬优秀传统文化，增强做中国人的骨气和底气，让世界更好认识中国、了解中国为宗旨，力求把优秀传统文化的精神标识以及其中具有当代价值、世界意义的文化精髓提炼出来、展示出来，以利于青少年坚定文化自信，推动优秀传统文化创造性转化、创新性发展，发展社会主义先进文化，不断铸就中国文化新辉煌，建设社会主义文化强国。

  为此，本书力争从历史和现实、理论和实践相结合的角度深入阐释如何更好地坚持中国道路、弘扬中国精神、凝聚中国力量。

在内容选取上，本书以儒家文化和道家文化等为侧重点，同时涵盖古典文学、书法绘画、音乐、建筑雕塑、科技科学、社会生活、风土人情等方面的内容，让学生感受"修身、齐家、治国、平天下"的家国情怀、"一片丹心照汗青"的献身热忱及"国家兴亡，匹夫有责"的责任担当；领略秦始皇统一六国、汉武帝开拓疆土的雄才大略，唐宗宋祖、康乾盛世的清明和政通人和，《诗经》《楚辞》、唐诗、宋词的百转千回，黄道婆、祖冲之、孙思邈、华佗等技术、医学领域著名人物的动人风采，屈原、苏武、岳飞、文天祥、于谦、戚继光、郑成功等伟大爱国英雄的强大魅力……总之，书中有史有典，诗情史话，内容全面，重点突出，力避枯燥冗长的呆板叙述，让丰富多彩的优秀传统文化以充满人情味和烟火气的方式展现出来，亲切地引导学生读历史、养文化，增广见闻，明智立德，以开阔眼界、激发思想、推广研究，使学生真正地热爱传统文化，愿意为传统文化的传播和弘扬做出自己的贡献。

在结构上，本书设置了"文化与艺术""社会与生活""传统与现代"三个模块，包含"文以载道——智慧与信仰""艺以修身——文学与审美""格物致知——科学与技术""治国有常——中国传统社会制度""人间风韵——家园乡土与风俗人情"等主题，学生既可逐一学习、系统了解，也可对自己感兴趣的部分先睹为快、重点阅读。

在体例编排上，穿插知识链接、拓展阅读、活动探究、思考、讨论等版块，知识链接和拓展阅读使内容更加丰富，同时提高了趣味性，更利于学生学习；活动探究、思考、讨论等版块内容紧密结合当前热点、焦点问题，引导学生探寻优秀传统文化中有利于解决实际问题的思想观点，从中得到一定的启发，理论与实践相结合，从而让学生更深入地理解学习优秀传统文化的现实意义，提高学生学习的积极性，增强学习效果。此外，为避免枯燥的长篇大论和更好地帮助学生理解相关内容，本书选取了大量图片点缀其间，使内容结构更加丰富合理，可读性更强。

本书在编写过程中，参考了相关文献和网络资料，在此对相关资料的作者深表谢意。由于编者水平所限，本书不足之处在所难免，欢迎读者批评指正。

编　者
2023 年 7 月

目录

模块一　文化与艺术

主题一　文以载道——智慧与信仰 … 2

积厚流光——中国传统思想 … 2
百家争鸣——中国传统思想流派 … 11

主题二　艺以修身——文学与审美 … 33

文化符号——汉语与汉字 … 33
星光璀璨——中国传统文学 … 40
翰墨丹青——中国传统书法与绘画 … 65
高山流水——中国传统音乐 … 79
雕梁画栋——中国传统建筑与雕塑 … 83

主题三　格物致知——科学与技术 … 96

敦本务实——中国古代科学 … 96
巧夺天工——中国古代技术 … 109

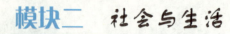

模块二 社会与生活

主题一 治国有常——中国传统社会制度 … 124

为政之要——中国传统政治制度 … 124
劝课农桑——中国传统经济制度 … 128
劝之以学——中国传统教育制度 … 139
公平选才——中国科举制度 … 145

主题二 人间风韵——家园乡土与风俗人情 … 147

学礼立身——中国古代礼仪 … 147
红尘清欢——中国古代日常生活 … 153
悠悠岁月——中国古代节庆与民间游艺 … 167
江南海北——中国地域文化 … 175

模块三 传统与现代

主　题 创新传承——中国优秀传统文化的现代化进程 … 182

继承发展——社会主义核心价值观的传统文化底蕴 … 182
顺应潮流——中国优秀传统文化的现代化 … 185

参考文献 … 194

模块一

文化与艺术

主题一

文以载道——智慧与信仰

积厚流光　中国传统思想

中国传统思想源远流长、博大精深，从萌芽到成熟经历了漫长的历史时期，包括夏、商、周［西周、东周（春秋、战国）］、秦、汉（西汉、东汉）、三国、两晋、南北朝、隋、唐、五代十国、宋、明，直至明清转型。中国传统思想在形成、发展、成熟至转型的每个时期，都伴随着经济发展和社会制度的变革，它们相互影响、相互作用，演绎了中国传统社会的灵动多姿和辉煌灿烂，为我们留下了精彩纷呈、积厚流光的文化宝库，值得我们深入探究，汲取精华，以便更好地借鉴和弘扬。

一、中国传统思想形成期

中国传统思想的形成期主要包括萌芽和初具雏形两个阶段。

（一）萌芽

中国传统思想主要萌芽于夏、商、西周时期。原始社会生产力低下，人们认为自然物具有灵魂和意志，对人类起着支配作用，于是膜拜日、月、水、火等，这是原始崇拜。进入母系氏族社会后，人们开始固定崇拜与氏族生活密切相关的动物、植物等，这是图腾崇拜（见图1-1）。父系氏族社会取代母系氏族社会后，家庭制度逐步稳定完善，人们开始

主题一　文以载道——智慧与信仰

祭拜祖先，祈求亡灵福泽子孙，这是祖先崇拜。为了生存和发展，氏族中涌现出一批英雄人物，如大禹、蚩尤等，氏族成员对这些英雄人物进行祭拜，这是英雄崇拜。伴随这些崇拜，出现了各类巫术、仪式以及执掌仪式的神职人员，由此产生了巫觋（女巫为"巫"，男巫为"觋"）文化。

注意： 巫觋文化时期并没有严格意义上的传统思想，思想的萌芽混杂在原始宗教中。

图1-1　图腾崇拜

小组活动

1. 查阅资料，探究从母系社会进入父系氏族社会后，人们为什么从图腾崇拜转向了祖先崇拜。

2. 中国传统思想萌芽时期，出现了很多流传至今的英雄人物（如三皇五帝、尧、舜、禹等）、原始歌谣、远古神话传说等，你知道哪些英雄人物的故事？知道哪些原始歌谣和远古神话传说？请查阅相关资料，并在班上和同学讲一讲。

随着中国历史上第一个国家政权夏朝的建立，中国由原始社会进入奴隶社会。商朝时期，社会笼罩于"天命神权"思想下，笃信如"天命玄鸟，降而生商"之类的说法，即"君权神授"。这一思想对以后的历朝均有影响，一直被统治者推崇。商朝时期国家政治、社会等方面都以"鬼神"为中心，事无巨细，均要举行占卜、祭祖活动，这种思想文化是祭祀文化。巫、史、祝、卜等神职人员在国家各个领域有举足轻重的地位。

 词语小故事

玄鸟生商

在远古的黄河之滨，中原的天空是那样蔚蓝，阳光是那样明媚，一只"玄鸟"唱着歌儿从空中飞来，带给人们无穷无尽的遐想——它是天的使者，原始部落的人们对它顶礼膜拜。一个叫简狄的女人吞服"玄鸟"下的蛋后，怀孕生下一个儿子叫契。契，即阏伯，就是传说中的商之始祖。《诗经·商颂·玄鸟》曰："天命玄鸟，降而生商。"这就是"玄鸟生商"的美丽故事。

关于"玄鸟生商"，先秦祭祀殷高宗武丁的颂歌也有提及：

天命玄鸟，降而生商，宅殷土芒芒。古帝命武汤，正域彼四方。

方命厥后，奄有九有。商之先后，受命不殆，在武丁孙子。武丁孙子，武王靡不胜。

龙旂十乘，大糦是承。邦畿千里，维民所止，肇域彼四海。

四海来假，来假祁祁。景员维河，殷受命咸宜，百禄是何。

西周是奴隶制社会的鼎盛时期。西周初年，统治者总结商朝灭亡的教训，提出了"敬德保民"的政治路线。西周对神的崇拜程度远远低于商朝，社会政治、军事以及日常生活开始以人为中心。《周礼》中记载了当时不同身份、等级的人各自遵循的礼仪规范和制度，"礼"由祭祖走向了社会。西周的文化是礼乐文化，它奠定了中国传统思想的基础。重视宗法制下的"家国同构"，重伦理、讲秩序、有礼仪等传统思想的重要观念其实是周礼的发展和延续。

（二）初具雏形

中国传统思想在春秋战国时期初具雏形。春秋战国时期，中国陷入礼崩乐坏的局面，"学在官府"的格局被打破，文化学术下移至民间，精通"六艺"之士流散各地，大大推动了私学的发展。他们在讲学中逐渐形成自己独立的思想流派。同时，各诸侯国为在斗争中取得胜利，不断招揽人才，试图运用不同思想学说治理国家，最终出现了百家争鸣的思想繁荣局面，中国传统思想初具雏形。

诸子百家中影响深远、流传广泛的有十家：儒家、墨家、道家、法家、名家、阴阳家、纵横家、杂家、农家和小说家。其中儒家和墨家并称为"显学"。

二、中国传统思想发展期

中国传统思想发展期主要包括定型和发展两个阶段。

（一）定型

中国传统思想于秦汉时期定型。汉初统治者推崇"黄老学说"，采取无为而治的统治思想，生产慢慢得到恢复与发展。汉武帝时期，强化专制主义中央集权制度已成为封建统治者的迫切需要。为适应这种政治需求，董仲舒提出"罢黜百家，独尊儒术"的主张，对先秦儒学进行神学化改造，建立了新儒学——汉朝儒学。汉朝儒学以"天人感应"为核心，以阴阳五行为骨架，提出"三纲五常"的伦理规范，宣扬"君权神授"的思想观念，奠定了儒家在中国传统思想中的主流地位。至此，以儒家思想为基础的大一统的传统思想定型。东汉时期，儒家经学进一步与谶纬神学相结合，逐步走向衰落。

课堂小辩论

根据谶纬神学的相关知识，对谶纬神学是儒家经学走向衰落的原因这一观点进行辩论。

知识链接

"罢黜百家，独尊儒术"，是董仲舒建议汉武帝实行的统治政策。所谓的"罢黜百家，表章六经""推明孔氏，抑黜百家"，指的就是"罢黜百家，独尊儒术"，前者是后者的别名。

汉初，在政治上主张无为而治，经济上实行轻徭薄赋。在思想上，主张清静无为和刑名之学的黄老学说受到重视。

武帝即位时，从政治上和经济上进一步强化专制主义中央集权制度已成为封建统治者的迫切需要。

主张清静无为的黄老思想已不能满足上述政治需要，而儒家的春秋大一统思想、仁义思想和君臣伦理观念显然与武帝时所面临的形势和任务相适应。于是，在思想领域，儒家终于取代了道家的统治地位。

建元元年（前140年）武帝继位后，丞相卫绾奏言："所举贤良，或治申、商、韩非、苏秦、张仪之言，乱国政，请皆罢。"得到武帝的同意。

太尉窦婴、丞相田蚡还荐举儒生王臧为郎中令、赵绾为御史大夫，褒扬儒术，贬斥道家，鼓动武帝实行政治改革，甚至建议不向窦太后奏事。窦太后对此不满，于建元二年（前139年）罢逐王臧、赵绾，太尉窦婴、丞相田蚡也因此被免职。

建元六年（前135年），窦太后死，儒家势力再度崛起。

元光元年（前134年），武帝召集各地贤良方正文学之士到长安，亲自策问。

董仲舒在对策中指出，春秋大一统是"天地之常经，古今之通谊"，现在师异道、人异论，百家之言宗旨各不相同，使统治思想不一致，法制数变，百家无所适从。

他建议："诸不在六艺之科孔子之术者，皆绝其道，勿使并进。"

董仲舒指出的适应政治上大一统的思想统治政策，很受武帝赏识。

儒术完全成为封建王朝的统治思想，而道家等诸子学说则在政治上遭到贬黜。

思考："罢黜百家，独尊儒术"有哪些积极和消极影响？

（二）发展

中国传统思想在三国、两晋、南北朝时期有了新的发展，儒道学说融合。三国两晋南北朝是中国历史上政权更迭频繁的时期。随着大一统王朝的分崩离析，士大夫们开始对烦琐学风、陈词滥调感到厌倦，转而醉心于哲学论辩，聚在一起用老庄的哲学思想解释儒家经典，试图调和儒、道，开创了糅合儒道学说的一个新时期，玄学应运而生。汉末传入中国的佛教此时也有了较大发展，儒、佛、道三家相互激荡、协调发展。

三、中国传统思想的成熟期

中国传统思想的成熟期主要有融合和强化两个阶段。

（一）融合

中国传统思想融合于隋唐时期。隋唐时期，中国封建社会达到了空前的繁荣和昌盛，思想文化呈现出前所未有的开放性和包容性，儒、佛、道三家从相互尊重到相互斗争，再到相互包容和融合，形成了以儒家思想为核心、三家融合的传统思想，构成了中国传统文化的基本格局，对中国思想、文化和艺术等各方面的发展产生了深远影响。

主题一 文以载道——智慧与信仰

> **小组活动**
>
> 1. 查阅资料，组内讨论以儒家思想为核心、三家融合的传统思想对当时中国社会的发展有哪些影响，并以PPT或视频形式对讨论结果进行展示。
>
> 2. 唐朝是我国历史上社会、文化发展非常繁荣的时期，出现了贞观之治、开元盛世和元和中兴三个盛世。请查阅相关资料，简述这三个时期的文化发展情况。

随着安史之乱的爆发和唐朝的衰落，韩愈从儒、佛、道三家势力的消长中看到儒家思想面临的困境，提出复兴儒学，推崇孔孟，发动了对佛家、道家的猛烈抨击。

（二）强化

中国传统思想在宋朝得到强化。宋朝开始，中国封建社会进入后期。宋明统治者大力提倡使用儒家纲常礼数来维护社会稳定。宋明的儒家学者继承韩愈等人复兴儒学的探索，大胆冲破汉唐儒学的束缚，吸收佛、道思想来研习儒经义理，形成了以"理"为核心，融合儒、道、佛三家的新儒学体系——宋明理学。宋明理学被统治者大力推崇，儒家思想得到进一步强化，再次成为官方意识形态。"二程"（程颢、程颐）和朱熹发展出的程朱理学是宋明理学的主要派别之一，对后世影响较大。

四、中国传统思想转型期

理学是中国古代较为精致、完备的理论体系之一，其影响十分深远。理学可以看作中国传统思想的巅峰。明清时期，封建社会渐趋衰落，宋明理学日益僵化。同时，随着中国资本主义萌芽出现，西学东渐开阔了人们的视野，中国传统思想的生存和发展受到了严峻的挑战。明末清初，顾炎武（见图1-2）、黄宗羲（见图1-3）、王夫之（见图1-4）等思想家开始批判封建专制和宋明理学，期待改变教条主义的思想局面，提倡经世思想和科学精神，以儒家思想为基础的中国传统思想逐渐衰弱。

图1-2 顾炎武

图1-3 黄宗羲

图1-4 王夫之

知识链接

中国传统思想发展过程中的文化标志

形成期：三皇五帝、尧舜禹、原始歌谣、远古神话传说、农耕文明、仓颉造字、甲骨文、青铜器、四书五经、孔子及《诗经》、屈原及《楚辞》、先秦诸子等。

发展期：以秦砖汉瓦、都江堰和造纸术为代表的一大批科技成果，陶瓷、"丝绸之路"，以汉乐府诗歌和汉赋为代表的文学作品，以《左传》《国语》《战国策》《史记》《汉书》等为代表的史学著作。

成熟及转型期：科举制度，建筑、纺织、数学、天文历法、机械制造等领域的标志性成果，"四大发明"中的三个——印刷术、火药、指南针，海上丝绸之路，《资治通鉴》《永乐大典》《四库全书》特大型典籍，唐诗、宋词、元曲，"四大名著"（《三国演义》《西游记》《水浒传》《红楼梦》）。

五、中国传统思想的核心

中国传统思想的核心，即核心思想，也可称为核心精神。它根植在中国人的生活和中国人的内心，潜移默化地影响着中国人的思想方式和行为方式，是我们这个民族血液中永远保持鲜活生命力的文化基因，是中华文明长河永远奔腾不息的文化密码；渗透在优秀传统文化的生命中，体现在优秀传统文化的风貌上，是优秀传统文化最有价值的地方，也是当代青少年最需要汲取的精神营养。具体来说，可概括如下：

（一）舍生取义的爱国精神

爱国主义是中华民族5 000年历史发展中沉淀形成的核心价值观，它包含忧患意识、责任意识、奉献情怀。

中华民族的忧患意识在远古神话中就有了，如女娲补天、夸父逐日……责任意识和奉献情怀更是一以贯之：从苏武的"持节南望"到岳飞的"精忠报国"；从屈原的"吾将上下而求索"到顾炎武的"国家兴亡，匹夫有责"；从文天祥的"人生自古谁无死，留取丹心照汗青"到林则徐的"苟利国家生死以，岂因祸福避趋之"……古代仁人志士用鲜血和生命谱写下一曲曲可歌可泣的悲壮史诗，无不体现着中华儿女深厚的爱国主义情感。

爱国主义自古以来就流淌在中国优秀传统文化的血脉中，是中华民族维护民族独立和民族尊严的强大精神动力。

（二）仁者爱人的仁爱精神

"仁者爱人"是孔孟思想即儒家学说的最高道德观念。关于"仁者爱人"，《论语》中曾这样记载：孔子的学生樊迟请教老师什么是仁，老师简明扼要地回答了两个字——"爱人"。在孔子的心目中，仁者是充满慈爱之心、满怀爱意的人；在孟子的心目中，仁者是具有大智慧、人格魅力、善良的人。

（三）以民为贵的民本精神

以民为本的思想在我国古代典籍中屡见不鲜，从殷商时代起就有记载，《尚书》说"重我民""民之所欲，天必从之"，《左传》说"国将兴，听于民；将亡，听于神"，等等。这些传世名言告诉我们，民本精神就是要以百姓的利益为根本，"以百姓心为心"（老子）。

而实现民本的途径，在于传统文化中的仁政与王道。

> **小组活动**
>
> 查阅资料，了解我国"以民为本"的相关政策措施，探究讨论传统的民本思想与现在的以民为本的异同。

（四）正义诚信的伦理精神

中国优秀传统文化的道德观中，正义和诚信是两个重要内容。

最早用"正义"一词的是荀子。《荀子·正名》说："正利而为谓之事，正义而为谓之行。"意思是说，为功利去做叫事业，为道义去做叫德行。这里"正义"的意思就是为道义而行，也就是以道义为奋斗的目标。在《荀子·儒效》中还有："不学问，无正义，以富利为隆，是俗人者也。"这里的"正义"是指道德，指以道德为行为标准。"正义"包含人的行为的正当与公正，也包含社会制度评判上的合宜与公平。

崇尚正义是我国古人日用而不察的价值观。它在治国理政上强调"以正治国",即"政者,正也";在待人接物方面强调"义以为上"(《论语·阳货》)、"见利思义"(《论语·宪问》)、"见得思义"(《论语·季氏》)等。可以说,崇尚正义是中华传统价值观的一大要素。

诚信,是以至诚之心,言行一致,信守承诺,不口是心非,以最大努力践行人生信条。中国优秀传统文化特别重视诚信品德,"诚者天之道也,思诚者人之道也"(孟子),诚信既是天道的本然,也是道德的根本。

(五)包容并蓄的和合精神

和合,是一种兼容兼顾、从整体看待事物的思维,如"天人合一""心物一体""体用一如"等。和合观,首先强调人与人之间应是和谐的关系,其斗争性是在和谐性、统一性之下。

和合的内涵丰富,主要包含以下四个方面:

(1)和生并育的宇宙观。

(2)和达共赢的发展观。

(3)和爱公正的道德观。

(4)和合包容的对外观。

"和合包容"是中国优秀传统文化的独特内核,对中华文化的形成、发展具有极大的促进作用。

(六)自强不息的进取精神

"天行健,君子以自强不息"是《周易》乾卦里的一句话,意思是:大自然运行不止、刚健强劲,人也应该一样,发奋图强,积极进取。

自强不息要求人们要先立志,后求诸己,一切靠自己,不断提高自己,养"浩然之气"。自强不息、积极进取的人生态度已深深融入中华民族的血脉,并被整个民族和社会接受。

(七)开拓求变的创新精神

创新求变,从来都是中华文化的精髓。中华民族自古以来就是一个崇尚创新创造的民族,几千年来形成的文明成果、开拓性的制度创设以及思想争鸣、文化繁荣,都是中国优秀传统文化创新精神的体现。

中国优秀传统文化的开拓创新往往是整合不同的文化,使其在中华文明多元一体的格局下形成一个统一的整体,从而变革创新。

(八)求大同的人生境界

自古至今,"大同"一直是中国人关于理想社会的梦想,并不断地被注入新的内容和

主题一 文以载道——智慧与信仰

精神。大同是中国传统文化中人类社会的终极理想，推崇仁爱、民本、诚信、正义、和合精神，就是要求人类最终实现大同的理想。

思考与实践

中国传统思想经历了三次大融合，分别是儒家思想的神化、以道家为主体的玄学和本土化的佛教思想。请查阅相关资料，结合本节内容，总结三次融合的特点，简述受当时的思想影响，社会经济文化方面有什么异同。

百家争鸣 中国传统思想流派

中国传统思想博大精深，流派众多，主要围绕如何正确处理人与自然、人与社会、人与自我的关系而展开，其核心思想是儒家、道家和佛家的学说。本节主要介绍以仁本礼用为核心的儒家思想和以自然和谐为核心的道家思想。

一、儒家思想

中国文化从一定意义上来说，是以儒家为主的一种生命形态。作为中国文化的主流，孔子所开创的儒家学派及其思想对中国政治、经济、文化等诸方面的发展曾起过重要作用。

（一）儒家思想的发展演变

儒家思想由孔子创立，荀子和孟子加以发扬光大，经过董仲舒、朱熹等人不断扩展充实，成为中国传统思想的核心，对后世影响深远。

儒家思想的发展大致经历了三个阶段：第一阶段是以孔子、孟子为代表的先秦儒学；第二阶段是以董仲舒为代表的汉朝儒学；第三阶段是以周敦颐、朱熹为代表的宋明理学。

春秋时期，孔子（见图1-5）创立儒家学派。"仁"是儒家的思想核心，是孔子社会政治、伦理道德的最高理想和标准，也是人人都可以达到的道德标准、人人都可以践行的道德规范。孟子受业于孔子的孙子子思，继承和发扬了儒家的入世

图1-5 孔子

济世的传统。在政治思想上把孔子的"德治"发展为系统的"仁政"学说，提出"民为贵，社稷次之，君为轻"，激烈地反对和抨击以严刑峻法驱民耕战、以力服人的"霸道"路线。荀子提出了"性恶论"，认为"人之性恶，其善者伪也"，仁、义、礼、智、信等都是后天经过学习、教化才会有的。荀子重视法治的作用，后世帝王"外儒内法"治理国家的政策即源于此。

汉武帝采纳董仲舒（见图1-6）提出的"罢黜百家，独尊儒术"的主张。从此，儒家学说从诸子百家学说的一种，变成"独尊"的待遇，成为封建社会正统思想。

三国至唐朝，儒学的正统地位受到冲击，柳宗元、刘禹锡等人提出"统合儒释"的思想，形成三教合流。

五代混乱时期后，纲常松弛，道德式微，宋朝儒家学者打着复兴儒学的旗号，在儒学的基础上吸收佛教和道教的思想，形成以理为核心的新儒学——宋明理学，以"存天理，灭人欲"为道德规范，用儒家的纲常伦理来约束社

图1-6　董仲舒

会，维护专制统治，被统治者奉为儒学正宗，700余年来，对中国的思想文化发展和社会生活产生了深远影响。

宋明理学强调的"三纲五常"扼杀了人们的自然欲求，在明朝中后期受到反封建的思想先驱李贽的反对。清初，黄宗羲、顾炎武、王夫之从不同角度批判宋明理学，引导百姓挣脱宋明理学的枷锁。随着中国封建社会的结束，宋明理学走向衰落。

知识链接

儒家思想不仅是中国人的宝贵精神财富，在世界上也影响深远。2004年11月21日，全球首家孔子学院在韩国首尔正式设立。截至2022年5月，中国已在全球建立了487所孔子学院。

思考： 孔子学院的建立对弘扬和传播中国优秀传统文化有什么现实意义？

（二）儒家思想的主要代表人物

1. 孔子

孔子（前551—前479），名丘，字仲尼，春秋时期鲁国陬邑（今山东曲阜东南）人，我国古代著名的思想家、政治家、教育家，儒家学派的创始人，中国传统文化的奠基者之一。

主题一 文以载道——智慧与信仰

孔子生活在春秋末年，其时诸侯纷争，社会动荡，"礼崩乐坏"，周王室名存实亡。对此孔子做了深层次的思考，创造性地提出了"仁"的范畴，把"仁"与"礼"相联系，建立起自己的道德学说；再与"治"相联系，阐发自己的治国理想。

孔子将"仁"视为最高的道德原则、道德标准和道德境界，认为"克己复礼"是达到"仁"的境界的修养方法。孔子重视"礼"，一方面是为了培养人们自觉遵守礼的习惯，塑造一种尊礼、守礼的生活方式；另一方面，他把礼看作治理国家和维护社会秩序的重要工具。

孔子开创私人讲学之风，倡导仁、义、礼、智、信，有弟子三千，其中贤人七十二，曾带领部分弟子周游列国十四年，晚年修订六经（《诗》《书》《礼》《乐》《易》《春秋》）。去世后，其弟子及再传弟子把孔子及其弟子的言行语录和思想记录下来，整理编成《论语》。该书被奉为儒家经典。

孔子在教学方法上主张"有教无类""因材施教"，请从儒家经典《论语》中找出相关文章阅读学习，思考并阐述孔子的教育观点对当今教育的发展有什么启发。

人物故事

义利之辩

鲁国有一条法律，如果鲁国人在外国见到同胞遭遇不幸，沦落为奴隶，只要能够把这些人赎回来帮助他们恢复自由，就可以从国家获得金钱的补偿和奖励。

孔子的学生子贡把鲁国人从外国赎回来，但不向国家领取金钱。孔子说："赐（端木赐，即子贡），你错了！圣人做的事，可用来改变民风世俗，其教导可以传授给百姓，不仅仅是有利于自己的行为。现在鲁国富人少穷人多，向国家领取补偿金，对你没有任何损失；但不领取补偿金，鲁国就没有人再去赎回自己遇难的同胞了。"

孔子的另一学生子路救起一名溺水者，获救者为了表示感谢送了他一头牛，子路收下了。孔子高兴地说："鲁国人从此一定会勇于救落水者了。"

2. 孟子

孟子（约前372—前289），名轲，字子舆，战国中期鲁国邹（今山东邹城东南）人，我国古代著名的思想家、政治家、教育家，对孔子十分敬仰，自称"乃所愿，则学孔子也"。孟子（见图1-7）自觉学习和传播孔子学说，把孔子"仁"的观点诉诸"不忍人之心"，由此提出"性善论"。

孟子的主要作品是《孟子》，相传由孟子及其弟子所作，是儒家经典著作之一。《孟子》全书7篇，分别为《梁惠王》上下、《公孙丑》上下、《滕文公》上下、《离娄》上下、《万章》上下、《告子》上下、《尽心》上下，共260章。

图1-7　孟子

人物故事

断织喻学

孟子最初对学习很有兴趣，时间一长就厌烦了，经常逃学。孟母知道后非常生气，拿起刀来，把织布机上的经线割断，说道："你的废学，就像我割断织布机上的线，这布是一丝一线织起来的，现在割断了线，布就无法织成。君子求学是为了成就功名，博学多闻才能增加智慧。你经常逃学怎么能成为有用之材呢？你今天不刻苦读书，而是惰于修身养德，今后就不能远离祸患，将来即使不做强盗，也会沦为厮役！"

孟母用"断织"来警喻"辍学"，指出做事必须有恒心，一旦认准目标，就不为外界所干扰，半途而废后果是十分严重的。"断织喻学"的一幕在孟子小小的心灵中留下了既惊且惧的鲜明印象，孟子从此旦夕勤学，终于成为中国历史上的儒学大师。

3. 荀子

荀子（约前313—前238），名况，字卿（一说时人相尊而号为卿），战国末期赵国人，两汉时因避汉宣帝询名讳称"孙卿"，思想家、哲学家、教育家，儒家学派的代表人物，先秦时代百家争鸣的集大成者，主要作品为《荀子》。

荀子（见图1-8）曾三次担任齐国稷下学宫的祭酒，两度出任楚兰陵令。晚年蛰居兰陵县著书立说，收徒授业，终老于斯，被称为"后圣"。

图1-8　荀子

主题一 文以载道——智慧与信仰

知识链接

稷下学宫（见图1-9），是世界上最早的官办高等学府，也是中国最早的社会科学院、政府智库，始建于齐桓公田午时期，位于齐国国都临淄（今山东省淄博市临淄区）稷门附近。

"稷"是齐国国都临淄城一处城门的名称。"稷下"即齐都临淄城的稷门附近，齐国君主在此设立学宫，故得名为"稷下学宫"（这与东汉时期的"鸿都门学"得名由来相同）。

图1-9 稷下学宫

稷下学宫是世界上第一所由官方举办、私家主持的特殊形式的高等学府。中国学术思想史上不可多见、蔚为壮观的"百家争鸣"，是以齐国稷下学宫为中心的。它作为当时百家学术争鸣的中心园地，有力地促成了天下学术争鸣局面的形成。

在此期间，学术著作相继问世，有《宋子》《田子》《蜎子》《捷子》等，今已亡佚。另《管子》《晏子春秋》《司马法》《周官》等书之编撰，亦有稷下之士的参与。由于不少人是善于把学术和政治结合起来游说当权者的能手，故在宣王时受上大夫称号之稷下士多达76人。

荀子继承了孔子"仁"的内涵，认为"仁"是君子修养之本，"惟仁之为守，惟义之为行。诚心守仁则形，形则神，神则能化矣。诚心行义则理，理则明，明则能变矣。变化代兴，谓之夫德。天不言而人推其高焉，地不言而人推其厚焉，四时不言而百姓期焉。夫此有常，以至其诚者也。君子至德，嘿然而喻，未施而亲，不怒而威"。同时把"贵贤，仁也；贱不肖，亦仁也"补充为"仁"的内容，为儒家这一基本概念注入了新的血液。此外，他还把"仁"与"义"连用，在词义上也做了发展。至于"礼"，荀子认为"礼者，人道之极也"，强调德政与礼治相结合，并在此基础上提出援法入礼，主张将德、礼、法三者并用，"礼者，法之大分，类之纲要也"，从礼中生出一个"法"，为礼服务，这一思想直接为法家的诞生提供了思想资源。

小组活动

1. 荀子在建构其思想体系的过程中，对"人性善恶"问题做了深刻的阐述。请查阅资料，同伴之间互相交流，找出荀子所述人性与孟子所说的性的不同。

2. 找出《荀子》中关于"仁""义"的名句。

4. 董仲舒

董仲舒（前179—前104），西汉广川（今河北景县西南）人，著名的今文经学大师。董仲舒遍读儒家、道家、法家、阴阳家等各家书籍，以治《公羊春秋》闻名于世，成为儒学大师，有"汉代孔子"的称号，主要著作有《天人三策》、《春秋繁露》（见图1-10）、《公羊治狱》等。

图1-10 《春秋繁露》

董仲舒建构的儒学不同于原儒，是神学化的新儒学。董仲舒以"天人相与"的观点回答了政权的正当性和合法性问题，以"罢黜百家，独尊儒术"的主张强化了中央集权。他的思想体系可用《春秋繁露·天地阴阳》中的一句话来概括："天、地、阴、阳、木、火、土、金、水，九，与人而十者，天之数毕也。"

就世界观来讲，董仲舒主张"天人相与"。就认识论来讲，董仲舒提出"深察名号"的认识路数。就政治观来讲，在董仲舒看来，天是宇宙最高的本原，是社会等级秩序和伦理准则的唯一来源。君权来自天，皇天"右而子之"，君王是贯通天人的中心环节，因而尊君就是尊天敬德的必然。

人物故事

三年不窥园

董仲舒自幼天资聪颖，少年时酷爱学习，读起书来常常忘记吃饭和睡觉。其父董太公看在眼里急在心上，为了让孩子能歇歇，他决定在宅后修筑一个花园，让孩子能有机会到花园散散心、歇歇脑子。

第一年，董太公一边派人到南方学习，看人家的花园是怎样建的，一边准备砖瓦木料。头一年动工，园里阳光明媚、绿草如茵、鸟语花香、蜂飞蝶舞。姐姐多次邀请董仲舒到园中玩。他手捧竹简，只是摇头，继续看竹简，学孔子的《春秋》，背先生布置的《诗经》。

第二年，小花园建起了假山。邻居、亲戚的孩子纷纷爬到假山上玩。小伙伴们叫他，他动也不动，低着头在竹简上刻写诗文，头都顾不上抬一抬。

第三年，后花园建成了。亲戚朋友携儿带女前来观看，都夸董家花园建得精致。父母叫仲舒去玩，他只是点点头，仍埋头学习。中秋节晚上，董仲舒全家在花园里边吃月饼边赏月，可就是不见董仲舒的踪影。原来董仲舒趁家人赏月之机，又找先生研讨诗文去了。

随着年龄的增长，董仲舒的求知欲愈加强烈，遍读了儒家、道家、阴阳家、法家等各家书籍，成为儒学大师。

5. 韩愈

韩愈（768—824），字退之，河南河阳（今河南孟州南）人，其先世曾居住在昌黎，自谓"郡望昌黎"，世称"韩昌黎"。唐代中期官员，文学家、思想家、哲学家、政治家、教育家。其著作主要有《韩昌黎集》。

在儒学史上，韩愈（见图1-11）反对佛道二教，继承孔孟儒家，主张宗奉孔孟，回到先秦儒家的"圣人之道"，提出"道统论"；继承孔子"惟上智与下愚不移"与董仲舒的"性三品"说，提出"性情三品"说。

图1-11 韩愈

知识链接

韩愈认为性有上、中、下三品，上品的人性生来就具有仁、义、礼、智、信五种道德，以一德为主，贯通其他四德；中品的人性对五德中的一德有所不足，而对于其余四种道德也杂驳不纯；至于下品的人性，则是违反一德也不符合其他四德。这就是"性"之"三品"。人不仅有性，而且还有喜、怒、哀、惧、爱、恶、欲七情。情也有三品：上品的情发作都合乎中道，没有过或者不及；中品的情发作时有的过多，有的过少；下品的情发作则都不合乎中道。每一品中，性和情是统一的，上品的人不仅具备五性，七情也是合乎中道的，这就是圣人。下品的人不具备五性，七情也不合于中道。韩愈认为上品可教而下品可制，但上下的品位等级是不可逾越的。

韩愈重新强调了《礼记·大学》中提出的"诚意、正心、修身、齐家、治国、平天下"的道德修养程序，并且强调"正心诚意"的决定作用，把个人的心性修养跟治理国家的实践结合起来。

 人物故事

性情中人

韩愈性格开朗豁达，与人交往，无论对方发迹或是潦倒，他始终态度不变。年轻时同孟郊、张籍友善，二人声名地位还不高，韩愈不避寒暑，在公卿中赞扬推崇他们。张籍终于得中进士，荣获官禄。后来韩愈虽然身份显贵，每当办完公事的闲暇，便同他们一起谈话宴饮、论文赋诗，和过去一样。而他对那些权豪势要，看作奴仆一般，瞪着眼睛不屑一顾。韩愈很善于诱导勉励后进，留在家中做宾客对待者十之六七，即使自己早餐也吃不上，仍和颜悦色毫不在意。他总以振兴名教、弘扬仁义为己任，帮助内外亲和朋友的孤女婚嫁的近十人。

6. 朱熹

朱熹（1130—1200），字元晦，又字仲晦，号晦庵，晚称晦翁。祖籍徽州府婺源县（今江西婺源），生于南剑州尤溪（今属福建省尤溪县）。中国南宋时期理学家、思想家、哲学家、教育家、诗人。

朱熹（见图1-12）是"二程"（程颢、程颐）的三传弟子李侗的学生，与二程合称"程朱学派"。他是唯一非孔子亲传弟子而享祀孔庙、位列大成殿十二哲者。

图1-12　朱熹

朱熹著述甚多，有《四书章句集注》《太极图说解》《通书解说》《周易读本》《楚辞集注》，后人辑有《朱子大全》《朱子集语象》等。其中《四书章句集注》成为钦定的教科书和科举考试的标准。

朱熹少小苦读经书，承继孔孟之道，以二程为宗，吸引和融会了周敦颐、张载、邵雍等人的学说，构筑起理学体系。朱熹的理学思想主要有四大部分：理气二元论、格物穷理论、心统性情论和明理灭欲论。

 人物故事

鹅湖论学

在南宋的理学家中，陆九渊与朱熹一样也是名气很大的人物。陆九渊小朱熹9岁，二人在治学目标上基本一致，而思想方法和认识途径却大不相同。从哲学观点上讲，朱陆两家是南宋时期唯心主义理学内部的两个不同学派,由于观点不同,两家在学术问题上进行了长期的争辩。朱陆二人的辩论方式,主要是通过书信的往来进行交锋,然而鹅湖之会却是一次例外。

宋孝宗淳熙二年(1175),为了调和朱陆之分歧,著名学者吕祖谦发起,邀请朱熹和陆九渊、陆九龄兄弟共四五人在信州鹅湖寺(今江西铅山县)集会,讨论的主要问题是"为学之方"。这便是中国学术史上有名的"鹅湖之会"。鹅湖之会5年过后(1180),陆九渊来到白鹿洞书院拜访朱熹,请朱熹为其兄陆九龄撰写墓志铭,二人一见如故,十分友善,并且表现了互相仰慕之情。朱熹不仅接受了陆的请求,同时还邀请陆九渊为书院师生讲学,陆也欣然同意,他的题目是讲解《论语》"君子喻于义,小人喻于利"章,听者深受感动,给师生们留下了良好印象。这件事说明朱陆的观点虽有分歧,但他们在学术交往和待人处事的态度上都具有宽宏大度的君子之风。

7. 王守仁

王守仁(1472—1529),字伯安,浙江余姚人;因筑室于会稽山阳明洞,将"阳明洞天"的"阳明"作为自己的别号。

王守仁(见图1-13)早年反对宦官刘瑾,被贬到贵州龙场做驿丞;后以镇压农民起义和平定"宸濠之乱"封新建伯,官至南京兵部尚书,谥号文成。王守仁出生入死的经历、辉煌的军旅生涯以及斐然的政绩,都为其学说增添了传奇般的色彩。

他的生平经历及书札诗文被后人收集编为《王文成公全书》。

王守仁初习程朱理学与佛学,后来转至陆九渊的心学并发扬光大,用于对抗程朱学派;晚年提出了"良知"学,"致良知"成为他论学的主要内容。"良知"学包括三个部分,分别是"良知即天理"的本体论、"致良知"的致知方法论和"知行合一"的道德实践论。

图1-13 王守仁

📝 小组活动

查找相关资料,了解"良知即天理""致良知""知行合一"的具体含义,探究"知行合一"的现实意义及对现代社会的影响。

8. 明清三大家

明清时期，社会发生大变动，社会矛盾日益激烈，对儒家知识分子的心灵产生了强烈的震撼，使他们重新审视自己的思想理论，形成了以"经世致用"为根本宗旨的实学思潮。这一思潮的主要代表人物有黄宗羲、王夫之和顾炎武，被称为"明清三大家"。

黄宗羲（1610—1695），字太冲，号南雷，浙江余姚人，人称"梨洲先生"。他是中国明清时期的启蒙主义思想家、哲学家、史学家、文学家和自然科学理论家，也是"浙东经史学派"的创始人。

黄宗羲继承王守仁的"致良知"思想，建立了"力行"实学，提出"天下为主，君为客"的民本思想，超越了孟子以来"以君为主"的"尊君重民"式民本思想的旧范式，创立了"以民为主"的"民主君客"式的新民本理论。黄宗羲以"经世应务"为治史的根本目的和为学宗旨，编写了大量史学著作，创立了一种史书新体裁——学案体，如《明儒学案》和《宋元学案》。

> **思 考**
>
> 黄宗羲的新民本理论的具体内容是什么？与孟子民本思想的主要区别是什么？

黄宗羲不仅重视经史之学，还重视地理、历学、算学等自然科学，他的科学思想在中国科学发展史上占有一席之地。黄宗羲一生著作宏富，主要有《明夷待访录》《孟子师说》《易学象数论》《明儒学案》《明文海》《行朝录》《弘光实录钞》《历学假如》《授时历故》和《南雷诗文集》等。

顾炎武（1613—1682），明末清初思想家、学者，南直隶昆山人。初名继绅、绛，字忠清，后改名炎武，字宁人，因避人陷害，曾化名蒋山佣。居亭林镇，学者尊称其为亭林先生。明清之际思想家，被清人推为"开国儒宗"，朴学的开山之祖。

顾炎武提出了具有民主启蒙色彩的"众治"思想，反对君主一人"独治"。顾炎武为学反对清谈，注重实学，主张学问要反映实际情况、解决实际问题。他提出了"经学即理学"的观点，重新树立"六经"的权威，认为为学的目的一是"明道"，二是"救世"。

顾炎武的主要著作有《日知录》（见图1-14）、《天下郡国利病书》、《肇域志》、《音学五书》、《顾亭林诗文集》等。

图1-14 《日知录》

主题一 文以载道——智慧与信仰

王夫之（1619—1692），字而农，号姜斋，人称"船山先生"，湖广衡阳县（今湖南省衡阳市）人。明末清初杰出的思想家、哲学家，对天文、历法、数学、地理学等均有研究，尤精于经学、史学、文学。主要著作有《周易外传》《尚书引义》《读四书大全说》《张子正蒙注》《思问录内外篇》（见图1-15）等。

王夫之最突出的成就在于朴素的自然哲学思想，是清初实学的代表。他初步建立起强调"理依于气""道在气中"的气本体论的自然哲学，并建立了以实践之"行"为基础的"即事穷理""知行并进"认识论和"由事见理""即民以见天理""天理寓于人欲"的社会历史观。

图1-15 《思问录内外篇》

王夫之的认识论具有科学知识论的倾向，社会历史观具有启蒙主义和人文主义的色彩。

（三）儒家思想的主要内容

1. 人性论

人性论大约起源于春秋时期，虽观点各不相同，但都是对生命的探讨，都涉及对生命根源和道德根源的追问。在儒家思想体系中，人性论可以说是思想的逻辑起点和理论支撑。儒家认为，人是道德主体，除却自然属性，还具有道德伦理属性；而人性，即对自我设置的规定性，把握住了人性，也就能理解儒学"仁本礼用"思想的构建及意蕴所在。儒家的人性论，从对生命和道德之源的追问奠定了儒家理论体系的基础；从天、性、心、理的沟通中寻求价值的根源，为内圣外王寻求理论依据与实现途径。

知识链接

根据现有资料，孔子是第一个讲性的，如《论语》中直接论及性的言论：性相近，习相远。唯上智与下愚不移。中人以上，可以语上也；中人以下，不可以语上也。生而知之者，上也；学而知之者，次也；困而学之，又其次也；困而不学，民斯为下矣。我非生而知之者，好古，敏以求之者也。但是孔子并没有对性做一个明确的规定，也未指出性的善恶，只指出了人在天性上是相同的，区别主要在于后天的努力。

孟子继承和发展了孔子有关人性的思想，提出了"性善论"的主张。孟子的性指的不是人与生俱来的本能，而是异于禽兽之处，指人之所以为人的特质。

荀子则认为"性恶"，有《性恶》篇来专门论述人性的问题。

董仲舒用"米与禾"的关系论证性和善的关系，将性比作禾，将善比作米，米出自禾，但禾不全是米。所以，善出自性，但性不全是善。

韩愈将性与情并提，认为人人都有性有情，性和情都分为上中下三品，善恶都源自性，受情的影响。

程颢、程颐发展了性善论，用"理"来规定人性，提出"理一分殊"的本体论，指出天命之性是天赋予人的人性，有善有恶，可善可恶。

朱熹认为人和物的性都是从天禀受而来的。

王阳明则认为心的本体是性，性是理，因而指出："心即理。"

思考： 除以上各家外，还有谁发表过关于"性"的论述？

（1）形而上层面的规定性。儒家思想体系中的人性论从道德属性上在形而上的层面对人进行设置，以此来关注生命的本质。不仅从自然属性，更从社会生命的维度对生命进行全方位的把握。他们认为人性是人之为人的特性，是对生命形而上的超越。

（2）性注重形而下的修养功夫。儒家思想体系中的人性在提供形而上的指导的同时，还落实了形而下的修养功夫，如孔子的"克己"、孟子的"存心"、宋儒的"格物""致良知"等。

小组活动

新冠疫情防控政策发生变化后，出现了亲人不远千里回家照顾病人、跑遍药店买药等感人事迹，也出现了亲人远离并带走生活物资、药品等有争议的现象。请根据上文关于人性的论述，并查找相关资料，对此做出评述。

2. 仁者爱人

仁不仅是孔子思想体系的核心，也是儒家的核心范畴。作为核心范畴的仁，以爱己为中心，以同心圆的方式往外推演，爱亲、爱人、爱物，万物一体，形成了儒家的核心价值体系。

（1）仁者自爱。自爱是仁的首要环节，是仁的逻辑起点。一个人如果不知自爱，何谈爱人？

那么，什么是自爱呢？自爱，首先就是爱自己的身体，其次是要保持身心和谐，最后是要自律。

 讨 论

自爱等同于自私吗？如何区分？

主题一 文以载道——智慧与信仰

知识链接

《论语》中对核心思想"仁"的阐述选读

《论语·学而》

1. 有子曰:"其为人也孝弟,而好犯上者,鲜矣;不好犯上,而好作乱者,未之有也。君子务本,本立而道生。孝弟也者,其为仁之本与!"

2. 子曰:"巧言令色,鲜矣仁!"

3. 子曰:"弟子,入则孝,出则弟,谨而信,泛爱众,而亲仁。行有余力,则以学文。"

《论语·八佾》

4. 子曰:"人而不仁,如礼何?人而不仁,如乐何?"

5. 子夏问曰:"'巧笑倩兮,美目盼兮,素以为绚兮。'何谓也?"子曰:"绘事后素。"曰:"礼后乎?"子曰:"起予者商也!始可与言《诗》已矣。"

(2)亲亲仁也。儒家的仁从孝引发而来,亲亲之爱,也就是孝悌之道,被视为为仁之本。血缘关系是仁实施的起点,首先体现为对父母的孝。孝敬父母,应做到养亲、敬亲、安亲。赡养父母是对为人子女者的基本要求,在为父母提供物质资料的基础上,还应进一步做到敬,使父母心安。人人都有父母,亲亲之爱是人类最浅也是最深沉的爱,作为一种价值观念,亲亲之仁被儒家赋予了人之为人的类本质含义。

除此之外,儒家的亲亲之情还体现在丧葬之礼上。丧葬之礼灌注了孝道,以外在的形式淋漓尽致地体现了内在的亲亲之情,以爱亲为情感依据,慎终追远,对父母的孝善始善终,能使"民德归厚"。

小组活动

现代国家提倡文明祭祀,它与体现儒家亲亲之情的丧葬之礼是否冲突?这种丧葬之礼是否已没有现实意义?如今多地出现的隆重的祭祖视频中表现出来的行为是否不应提倡?请根据相关资料并结合当地情况谈一谈自己的观点。

(3)忠恕之道。仁作为处理社会上人与人之间关系的准则,主要体现为忠恕之道。忠者,"己欲立而立人,己欲达而达人",忠以待己,尽己之谓忠。恕则是待他人如同待自己一样,"己所不欲,勿施于人"。恕以待人,自己不愿意做的事不强求他人去做,自己不愿意要的东西也不强加给别人。儒家的忠恕之道,是一种推己及人、成己成人的精神。

此外,儒家的仁还体现为万物一体。仁以爱自己为中心向外推演,就可至天地间的万事万物。仁作为本体,本身就蕴含着贯通天地万物的内涵。从人自身和谐,人与人、人与万物的关系,都包含与己相处、与人相处的交流之意。"民胞物与"就明确了仁贯通万物的品格。

3. 克己复礼

"礼"是中国文化的重要组成部分,在中国社会发展中发挥着巨大的作用。周公"制礼作乐",孔子从周。可见,儒学从诞生起就具备了注重礼仪的文化传统。从一定意义上可以说,人类的历史是一个礼不断丰富深化的过程,礼涵盖一切,包含乐在内。礼乐文明也是儒家文化的核心内容,儒家将礼和乐并重,二者互补共济,通过内外交养以修身养性,达到内在德行与外在规范的和谐,以促进人与人、人与天地的整体和谐,达到天人合一的境界。

4. 仁本礼用

仁和礼作为儒家思想中的两个基本范畴,二者的关系也是儒家学说中的基本关系。

(1)以仁为本。儒家学说是在仁的基础上所构建的道德人文主义理论体系。

(2)以礼为用。仁是礼存在的内在依据,礼是仁的外在显现,仁的绝对性通过礼来体现。

(3)仁本礼用是一个有机整体。仁要与礼结合起来才有可能显示其本然的意义。它本身是内指型的,要受到外在礼的规整,通过他律的方式以完善自律;而礼的产生又与仁有关,本身带有明显的道德化倾向,不仅是一种外在的规范,也是一种内在的显现。

拓展阅读

(一)儒家的代表典籍

《论语》是中国春秋时期一部语录体散文集,由孔子弟子及再传弟子编纂而成,主要记录孔子及其弟子的言行。

《孟子》是战国中期孟子及其弟子万章、公孙丑等著,书中记载有孟子及其弟子的教育、哲学、伦理等思想观点,以及孟子与其他各家思想的争辩、对弟子的言传身教等内容。

《大学》是一篇论述儒家修身治国平天下思想的散文,相传为曾子所作,是一部中国古代讨论教育理论的重要著作。

《中庸》是一篇论述儒家人性修养的散文,原是《礼记》第三十一篇,相传为子思所作，是儒家学说经典论著。

以上四部典籍也称"四书"，和"五经"（《周易》《诗经》《尚书》《礼记》《春秋》）一起，统称"四书五经"，是儒家教科书式的经典。

（二）儒家经典作品选读

1.《礼记·礼运》节选

昔者仲尼与于蜡宾，事毕，出游于观之上，喟然而叹。仲尼之叹，盖叹鲁也。言偃在侧，曰："君子何叹？"孔子曰："大道之行也，与三代之英，丘未之逮也，而有志焉。

"大道之行也，天下为公，选贤与能，讲信修睦。故人不独亲其亲，不独子其子，使老有所终，壮有所用，幼有所长，矜寡孤独废疾者皆有所养，男有分，女有归。货恶其弃于地也，不必藏于己；力恶其不出于身也，不必为己。是故谋闭而不兴，盗窃乱贼而不作，故外户而不闭，是谓大同。

"今大道既隐，天下为家。各亲其亲，各子其子，货力为己，大人世及以为礼，城郭沟池以为固，礼义以为纪。以正君臣，以笃父子，以睦兄弟，以和夫妇，以设制度，以立田里，以贤勇知，以功为己。故谋用是作，而兵由此起。禹、汤、文、武、成王、周公，由此其选也。此六君子者，未有不谨于礼者也。以著其义，以考其信，著有过，刑仁讲让，示民有常。如有不由此者，在埶者去，众以为殃，是谓小康。"

2.《论语·颜渊》节选

颜渊问仁。子曰："克己复礼为仁。一日克己复礼，天下归仁焉。为仁由己，而由人乎哉？"颜渊曰："请问其目。"子曰："非礼勿视，非礼勿听，非礼勿言，非礼勿动。"颜渊曰："回虽不敏，请事斯语矣。"

二、道家思想

古代社会早期生产力低下，人们认为自然物具有灵魂和意志，产生了对神的崇拜，希望能借助"神意"预知未来的吉凶，达到趋利避害的目的。因此，人们在长期的实践中，创作了大量的神话传说，产生了女性崇拜、巫史文化、隐逸之风，这些都是道家思想的来源。

知识链接

1.神话传说

神话传说作为道家思想的来源之一，在《庄子》《列子》以及一些道家文献中都有描述。例如，《庄子·应帝王》载："南海之帝为倏，北海之帝为忽，中央之帝为浑沌。

倏与忽时相与遇于浑沌之地，浑沌待之甚善。倏与忽谋报浑沌之德，曰：'人皆有七窍以视听食息，此独无有，尝试凿之。'日凿一窍，七日而浑沌死。"

2. 女性崇拜

上古时期各大部族都由母系氏族发展而来，也表现了女性崇拜的风俗和思想。中国有女娲创世说，女娲就是母神，《老子》等道家著作中继承了将母亲生殖运用到天地万物的创生中，"玄牝"被称为万物之母，拥有无上的创造力。

3. 巫史文化

早期巫与史并没有明显的界限，《周易·巽》载："用史巫纷若。"巫觋的职能非常丰富，他们主管祭祖、天文历法和医药。在履行职能时需要记载已发生或者可能发生的事情，于是就有了史官。不过巫也存在地域差异，南方之巫重精神，追求神与人的沟通；北方之巫重伦理，着力于教化。

4. 隐逸之风

私有制出现之后，原始社会中平等、公平、民主的社会治理方式受到冲击，一部分人不满当时的社会治理方式，便退出政治舞台，称为隐士逸民。这些隐士逸民情操高洁，自愿隐于民间，有强烈的批判意识，通过自身的隐逸或者犀利的言辞抨击时政，向往理想中的社会形态。他们崇尚清净，不与当权者同流合污，不求权变苟活于世，不被各种名利所羁绊。

（一）道家思想的发展演变

老子是道家学派的创始者，庄子继承了老子学说并进一步发扬光大。具体来说，道家思想大致经历了四个发展阶段：第一阶段是以老子、庄子为代表的先秦老庄哲学，第二阶段是汉初黄老之学，第三阶段是三国两晋南北朝时期的玄学，第四阶段是隋唐以后的重玄学。

春秋战国时期，老子困惑于政治和社会大变革的现实，转而对宇宙本体与人类社会及人自身进行思考，创立了道家学派。

庄子继承和发展了老子的学说。他仍以"道"为哲学体系最高的范畴，认为"道"是"无为无形，可传而不可受，可得而不可见"，是客观真实的存在，在老子"道法自然"的基础上提出了天下万物是相互联系、自生自养的。

黄老之学是以道家思想为基础，吸取儒、墨、名、法等家的一些观点融会而成的一种新的学说体系。其治国的思想主旨为文武并用、刑德兼行、以法为符、与民休息的无为而治。

三国两晋南北朝时期的玄学可简称魏晋玄学。魏晋玄学以老庄思想为骨架，究极"本末有无"的问题，它发展的初衷是摆脱世俗对人性的扭曲，追求人的自然、本然性情，追求人的自由与本真。在形上学上，魏晋玄学转向本体论，以本体论重新架构与发展道家思想，成就了安顿个我、批判社会的哲学。

主题一 文以载道——智慧与信仰

"重玄"是隋唐时期影响非常大的一股思潮,又称双玄。重玄学上承魏晋玄学,下启宋明理学,是通过重新注《老子》《庄子》等经典而发展起来的。

(二)道家思想的代表人物

道家思想的代表人物主要有老子、庄子,以及魏晋玄学的嵇康、阮籍、郭象和重玄学的成玄英、李荣等。我们主要介绍老子和庄子。

1. 老子

老子,名李耳,字聃,春秋末期楚国苦县(今河南省周口市鹿邑县)人,生卒年不详。中国古代思想家、哲学家、文学家和史学家,道家学派创始人和主要代表人物,被道教尊称为"太上老君"。在唐朝,老子被追认为李姓始祖。被列为世界文化名人,世界百位历史名人之一。

老子(见图1-16)曾担任周朝守藏室之史,以博学而闻名,孔子曾入周向他问礼。春秋末年,天下大乱,老子欲弃官归隐,遂骑青牛西行。到灵宝函谷关时,受关令尹喜之请著《道德经》(又称《老子》)。成书后骑青牛出函谷关而去,飘然不知所终。

图1-16 老子

词语小故事

紫气东来 传说函谷关令尹喜见有紫气从东而来,知将有圣人过关,果然老子骑青牛前来,喜便请他写下了《道德经》。后用"紫气东来"比喻吉祥的征兆。

人们对老子出关的传说一直津津乐道。杜甫《秋兴》诗中有"西望瑶池降王母,东来紫气满函关"之句。鲁迅创作了短篇小说《出关》。

老子思想的核心是"道"。老子认为"道"是哲学体系的最高范畴,是天地万物的本原。老子的政治主张是"无为"。"无为"不是消极的无作为,而是顺应自然规律,让事物按照本来的自然的方式发展,不要凭借个人主观意愿而违反自然规律去"妄为"。"无为"是道家的最高价值取向。

小组活动

分小组研究探讨老子"无为"的政治主张对缓解当今生态环境问题有哪些启示。

2. 庄子

庄子（约前369—前286），名周，战国中期思想家、哲学家、文学家，因把老子的思想发展到以个人本我、本真与自由为价值取向的内在精神生命的追求，与老子并称为"老庄"。代表作有《逍遥游》《齐物论》《养生主》等。

庄子（见图1-17）继承和发展了老子"道法自然"的观点，主张通过"坐忘"达到"天地与我并生，万物与我为一"的境界。庄子认为人生的最高境界是逍遥自由，他希望按人的自然本性生活，从仁、义、礼、智的桎梏中解放出来，以求得精神上的自由。因此他才有着伟岸的人格和逍遥自由的精神。

图1-17　庄子

人物故事

庄子善于辩论，对待名利也十分豁达，而且有一种超脱生死的达观，超越了当时的鬼神之论，获得了精神上的自由。他认为人的生命是由于气之聚，人的死亡是由于气之散，才把生死视为一种自然的现象，认为生死的过程不过是像春夏秋冬四季运行一样。

庄子的妻子死了，惠子（惠施）前往庄子家吊唁，只见庄子叉开两腿，像个簸箕似的坐在地上，一边敲打着瓦缶一边唱歌。惠子说："你的妻子和你一起生活，生儿育女直至衰老而死，你不为她的死而哭泣也就算了，竟然敲着瓦缶唱歌，不觉得太过分了吗！"庄子说："不对的，我妻子初死之时，我怎么能不感慨伤心呢！妻子最初是没有生命的；不但没有生命，而且也没有形体；不但没有形体，而且也没有气息。在若有若无、恍恍惚惚之间，那原始的东西变化而有了气息，气息变化而有了形体，形体变化而有了生命，如今变化又回到死亡，这种变化就像春夏秋冬四季那样运行不止。现在她静静地安息在天地之间，而我却还要哭哭啼啼，这不是不能通达天命吗？所以我止住了哭泣。"

这个故事还衍生出了成语"鼓盆而歌"。

（三）道家思想的主要内容

1. 道法自然

道法自然肯定了道的本源地位，道生万物又自生。自然是自己本然如此之意，道家突出了其自然无为的精神。

"道"本义指道路，后来引申为规律，与天相应的叫天道，如日月星辰的运行规律；

主题一 文以载道——智慧与信仰

与人相应的叫人道，如一些社会规范。春秋后期，天人交感受到质疑，天道的神秘色彩减弱。老子在这一变革中抽离出"道"，作为范畴进行了形而上的论证。在老子看来，道是宇宙的本源，先天地而生，是万物的创造者。作为万物之母的道，本身是无形无相的，自本自根，不为任何事物所生，不能为我们的感官所直接把握。

作为万物之母的道，始终以自然为自己的准则，师法自然。对于万物来讲，就是顺其本然之性，使其自然而然地演化。

讨 论
无为与自然是一回事吗？

具体而言，道法自然可以从以下四个方面来理解：

（1）道生万物。道为形而上的至高无上，自然界的最初发动者，创生万物使天地运行不息。道不仅创生了万物，还是万物存在的根据。

（2）返璞归真。道家崇尚自然，要求顺应自然，返璞归真；认为人的一切思想和行为都不可违背自然，应该与自然相协调，效法自然。对于人来说，尤其是要保持赤子之心，追求质朴天真，反对雕琢矫饰，回归自然，万物共生共荣。

（3）小国寡民。小国寡民是老子设想的理想社会，在这一理想社会中，国家小，人民少，没有兵器、兵车甚至文字。人定居在一个地方互不来往，自给自足，没有纷争。老子认为社会中出现的种种问题是过多的欲望带来的，随着文明的发展，生活中出现了很多"不自然"的现象，人的本性也随之扭曲变形。只有遵循道，剔除各种有为的行为，社会才能回归和谐稳定。

小组活动
有人认为老子的"小国寡民"是一种闭关锁国政策，你认为呢？请结合《道德经》中的相关内容，小组成员分工查找闭关锁国的相关资料，说说自己的观点。

（4）超越世俗的风度。在漫长的历史长河中，道家形成了超越世俗的风度，如庄子的"逍遥游"，追求回归本然的精神境界。庄子以精神无待为人生的最高境界，无待就是

不依靠外在的力量，能自主。庄子认为真正的逍遥要有"物我合一"的境界，通过"道通为一"化去经验世界中的差等，在超越经验世界的对待关系中求道，也就是要有出世的追求。将人从与他人、他物的对待关系中解放出来，无己、无功、无名，超越一切对待关系，没有任何束缚与限制，与道相合，成就逍遥，以出离世间污浊为愿，漂泊于天地间。

2. 反者道之动

道家思想包含有深刻而丰富的辩证精神，通过否定之否定揭示事物本质。这一否定性的思想极大地推动了中国古代辩证法系统的发展。

（1）反动是循环往复的。道是具有内在自我运动特性的存在，它的运动不是单向直线式的运动，而是道生万物，万物最终又归于道，是一个循环往复的过程。

（2）事物总是相反相成、对立统一的。道家认为，在经验世界中，万事万物都是矛盾统一体，老子认识到"万物负阴而抱阳"，矛盾是普遍存在的。对立双方互为条件、互相依存，离开有也就无所谓无，没有难也就无所谓易，离开了高也就不存在下，一切事物都有对立面，万物都是在对立关系中存在的。因此，认识事物不能只看一面，两方面都要观照。

（3）对立双方可以相互转化。事物发展到一定程度就会转化成对立面，事物达到了强的顶峰就会改变性状向下衰落。容易的事情不注意就会变成难事，很小的事不注意就会变成大事。懂得了对立转化的原理，对许多事情可因势利导、转危为安，先一步防患于未然。

3. 人道主义精神追求

道家思想对人类的前途命运有着深深的关怀，充满了人道主义精神，主要体现在批判现实、追求自由、平等及反对战争等方面。

（1）批判现实。道家思想以否定的方式审视世界，通过社会中普遍存在的异化现象揭示了社会发展与文明进步之间的张力，进而对等级制度、礼乐文明加以质疑和否定。例如，老子抨击仁义礼智和礼乐教化，主张"绝圣弃智""绝仁弃义""无为而治"。庄子提出"道通为一"，从齐物论的角度消解对儒家及权威崇拜的心理，追求自由逍遥，把批判的矛头直指统治者。老庄批判现实的精神对当时社会起到了振聋发聩的警示作用，对后世产生了深远的影响。

（2）追求自由、平等。对自由与平等的追求是道家人道主义精神的一个重要方面，道家对个体的价值给予了更多的关注，主张追求个人的自由及个性解放。

（3）反对战争。道家对战争持反对的态度。老子警告好战者曰："以道佐人主者，不以兵强天下，其事好远。师之所处，荆棘生焉。大军之后，必有凶年。"庄子也通过寓言故事以嬉笑怒骂的态度表明了对战争的否定。"有国于蜗之左角者曰触氏，有国于蜗之右角者曰蛮氏，时相与争地而战，伏尸数万，逐北旬有五日而后反。"战争还是和平，是道家评判天下有道还是无道的基本标准。

拓展阅读

（一）道家的代表典籍

《周易》即《易经》，是传统经典之一，相传系周文王姬昌所作，内容包括《经》和《传》两个部分。《周易》被儒家奉为经典，也是道家的重要典籍。

《道德经》是春秋时期老子（李耳）的哲学作品，又称《道德真经》《老子》《五千言》《老子五千文》，是道家哲学思想的重要来源。

《庄子》又名《南华经》，是道家经典，是战国中期庄子及其后学所著。到了汉代以后，尊庄子为南华真人，因此《庄子》亦称《南华经》。《庄子》与《老子》《周易》合称"三玄"。

《太上感应篇》为道教经典，内容主要是劝人遵守道德规范，时刻止恶修善、自利利他。这里"太上"是指太上老君，道门至尊之称也，"太上"是无上之上的意思，是华夏最尊贵的词语。

《西升经》全称《老子西升经》，是道教经典书籍。该经系函谷关令尹喜据老子所述而成，与《老子》的关系非常密切。该书在道教思想史上有着独特的地位和相当大的影响。

（二）道家经典作品选读

1.《道德经》（节选）

第一章

道可道，非常道；名可名，非常名。无名，天地之始，有名，万物之母。故常无欲，以观其妙；常有欲，以观其徼。此两者，同出而异名，同谓之玄。玄之又玄，众妙之门。

第二章

天下皆知美之为美，斯恶已；皆知善之为善，斯不善已。故有无相生，难易相成，长短相形，高下相倾，音声相和，前后相随。是以圣人处无为之事，行不言之教，万物作焉而不辞，生而不有，为而不恃，功成而弗居。夫惟弗居，是以不去。

第四章

道冲，而用之或不盈。渊兮，似万物之宗。挫其锐，解其纷，和其光，同其尘。湛兮，似或存。吾不知其谁之子，象帝之先。

第八章

上善若水，水善利万物而不争。处众人之所恶，故几于道。居善地，心善渊，与善仁，言善信，政善治，事善能，动善时。夫惟不争，故无尤。

第九章

持而盈之，不如其已；揣而锐之，不可长保。金玉满堂，莫之能守；富贵而骄，自遗其咎。功遂身退，天之道。

第十一章

三十辐，共一毂，当其无，有车之用。埏埴以为器，当其无，有器之用。凿户牖以为室，当其无，有室之用。故有之以为利，无之以为用。

思考与实践

"仁"不仅是儒家思想的核心，也是中华民族传统美德的核心，是从自我开始而生发出的人性光辉，对提升中华民族全民素质，尤其对青少年健康人格的培育、高雅志趣的养成、博大胸怀的培养，有着不可或缺的作用。

（1）阅读《论语》，找出其中与"仁"有关的内容，如"志士仁人""无求生以害仁，有杀身以成仁"等，结合相关资料制作PPT，讲述关于"仁"的故事。

（2）围绕如何继承和发扬"仁"的精神这一主题，准备5分钟演讲。

主题二

艺以修身——文学与审美

文化符号 汉语与汉字

汉语是世界上古老的语言之一，拥有几千年的历史。改革开放40多年来，随着中国综合国力及国际经济、政治地位的稳步提升，汉文化圈影响力不断扩大，汉语、汉字及中华文化在国际上越来越受重视，全球"汉语热"逐渐升温。

思 考

"汉语热"体现在哪些方面？

一、汉语的演变

汉语是一种古老而年轻的语言，源头古老，流变年轻。汉语的发展历史一般粗分为古代汉语和现代汉语，其中古代汉语又可以分为上古汉语和中古汉语，古代汉语和现代汉语之间还有一段近代汉语。上古汉语一般指周朝至汉朝时期的汉语，是现代汉语的源头，持续了千年。中古汉语使用于南北朝、隋朝、唐朝和宋朝前期。近代汉语是古代汉语与现代汉语的过渡阶段,以早期白话文作品为代表。现代汉语有方言和普通话(标准汉语)之分。

(一)方言

在汉语的演变过程中,由于地理环境等因素的影响,北方汉语逐步趋同,内部一致性较强;南方汉语由于各自的发展历程不同,内部差异巨大,时常出现"十里不同音"的现象。

知识链接

三国两晋南北朝时期,中国历史进入大动荡、大分裂时期。这一时期的汉语变化表现为口语的演变愈演愈烈,与书面语渐行渐远。

西晋灭亡之后,中原大乱,北方的一些少数民族先后进入中原地区,开启了少数民族与汉族之间民族大融合的过程。少数民族政权都在积极学习汉文化,尊儒修学。语言的发展演变自然也受到民族融合的影响。在南方,汉语也受到少数民族语言的影响,而少数民族也越来越多地使用汉语,因使用不规范而出现了汉语的变体。随着民族的不断融合与演进,慢慢形成了南岛化的"南方汉语"。在北方,汉族与当地少数民族杂居,语言同样互相影响,形成了阿尔泰化的"北方汉语"。由此,汉语的流变发展走上了"南染吴越,北杂夷虏"的道路。

一般认为,现代汉语有七大方言,即北方方言、吴方言、湘方言、赣方言、客家方言、粤方言、闽方言。其中,闽、粤方言和普通话差别最大,吴方言次之,客家、赣、湘等方言和普通话的差别要小一些。

小组活动

小组成员共同查找资料,总结七大方言的特点和使用地域。

知识链接

古代汉语语言学的经典著作

古代汉语语言学的经典著作主要有《尔雅》《方言》《说文解字》《切韵》等，这几部著作分别从词汇、方言、文字、音韵等方面奠定了我国2 000年来语言研究的格局，全面反映了上古、中古的语音、词汇等研究的概况，不但是非常宝贵的学术著作，也是非常宝贵的古代汉语史资料。

（1）《尔雅》（见图1-18）号称辞书之祖，是我国第一部全面研究、系统整理、以雅音（先秦时期共同语）解释古代经典词语的著作，是汉朝以前名物训诂的总汇，是训诂学的开山之作。

（2）《方言》（见图1-19）的全称是《輶轩使者绝代语释别国方言》，是西汉哲学家、文学家、语言学家扬雄仿《尔雅》体例所著，是我国最早的一部方言著作。它开启了对汉语方言的研究，特别是为研究汉朝以前的社会文化、民俗文化和方言等提供了珍贵材料。

（3）《说文解字》（见图1-20）简称《说文》，东汉许慎著，是我国第一部文字学著作，可谓文字学的始祖。

图1-18 《尔雅》

图1-19 《方言》

图1-20 《说文解字》

（4）《切韵》是一部韵书，隋朝仁寿元年（601）音韵学家陆法言著，是韵书史上划时代的著作，原书已散佚，只剩残卷若干，现存版本有故宫藏本王仁昫《刊谬补缺切韵》（图1-21）等。它把纷繁庞杂的汉字按照声韵调系统编排为一部古音字典。《切韵》上承上古汉语，下启现代汉语各方言。成书后取代了六朝诸家韵书。它以当时洛阳语音为基础，酌收其他方言音和古音而成书，大致描述了中古语音系统，是调查研究现代汉语方言的重要依据，为方言调查的准确描写、考证音准义同的方言本字提供了线索，从方言本字的考证中可看出现代方言所保留的古文化痕迹。

图1-21 王仁昫 刊谬补缺切韵

（二）避讳和新词语

汉语的演变发展与社会文化的发展相辅相成，在演变过程中出现了避讳和新词语。

避讳是指语言文字表达或者日常生活中的禁忌，或出于畏惧，或出于迷信，或出于礼制等原因，不能或不敢直称某人或某物之名。例如，清康熙帝名爱新觉罗·玄烨，于是故宫的北门原名"玄武门"，因避皇帝名讳改称"神武门"。

汉语词汇的发展主要包括词义的变化、旧词的复活、新词的产生、吸收外来词这几个方面。这些新词语见证了社会文化的变迁，也常常留下不同文化之间相互激荡或和平交往的印记。例如，"红娘"原来是《西厢记》中促成崔莺莺与张生结合的侍女的名字，随着文学作品的影响，民间把"红娘"作为帮助别人完成美满姻缘的热心人的代称。

> **小组活动**
>
> 当代科技发展日新月异，社会文明不断进步，国际交流日益频繁，特别是在网络时代，新词语的出现速度是爆炸式的。这些词语反映了社会新的变化，但也常常泥沙俱下，有些词语裹挟着腐朽、反动的观念。
>
> 请围绕"甄别使用新词语，保护汉语的纯洁性"准备一份演讲稿进行演讲。

二、汉字的演变与字谜

汉字是汉语的书写形式，是世界上古老的文字之一，是中华民族的伟大发明和智慧结晶。汉字从诞生之日起，不间断地一直被沿用至今，焕发出强大的生命力，在整个中华文化的延续、继承、发扬中居功至伟。

（一）汉字的演变

汉字从萌芽到成熟经历了相当长的一段历史时期。根据相关文物，最早的成系统的汉字出现于4 000多年前的夏朝或者稍晚的夏商之际。今天能够看到的成系统的汉字是3 400多年前的商朝铭文和甲骨文（图1-22）。当然，还有更早的一些原始符号，如六七千年前的半坡符号及四五千年前的陵阳河符号等，这些象形符号可以看作汉字的萌芽状态。

主题二 艺以修身——文学与审美

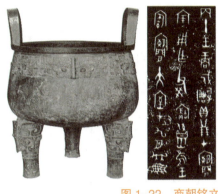

图 1-22 商朝铭文和甲骨文

1. 汉字的起源

（1）汉字的起源方式。汉字的起源方式主要有结绳记事说、契刻说、八卦说、仓颉造字说、图画说五种。

> **知识链接**
>
> 仓颉，复姓侯刚，号史皇氏，曾把流传于先民中的文字加以搜集、整理、规范和使用，在创造汉字的过程中起到了重要作用，为中华民族文明的传承做出了不朽的功绩。但普遍认为汉字由仓颉一人创造只是传说，他可能是汉字的整理者，被后人尊为"造字圣人"。
>
> 仓颉造字，出自《荀子》《吕氏春秋》《淮南子》等著作。《淮南子·本经训》："昔者苍颉作书，而天雨粟，鬼夜哭。"汉代高诱注："仓颉始视鸟迹之文造书契，则诈伪萌生；诈伪萌生，则去本趋末，弃耕作之业，而务锥刀之利。天知其将饿，故为雨粟；鬼恐为书文所劾，故夜哭也。鬼或作兔，兔恐见取豪（毫）作笔，害及其躯，故夜哭。"《荀子·解蔽》："好书者众矣，而仓颉独传者壹也。"《吕氏春秋》："奚仲作车，仓颉作书。"

（2）汉字的造字法——"六书"。许慎《说文解字·叙》："周礼八岁入小学，保氏教国子先以'六书'。一曰指事，指事者视而可识，察而见意，上下是也。二曰象形，象形者画成其物，随体诘诎，日月是也。三曰形声，形声者以事为名，取譬相成，江河是也。四曰会意，会意者比类合谊，以见指挥，武信是也。五曰转注，转注者建类一首，同意相受，考老是也。六曰假借，假借者本无其字，依声托事，令长是也。"许慎的解说，是历史上首次对"六书"定义的正式记载。其中，象形、指事、形声、会意是造字法，转注、假借是衍生发展而来的文字使用方式。

> **知识链接**
>
> 　　象形这种造字法是依照描摹实物的外貌来表示要说明的事物，是表形文字。例如，"日""月""山""水"这四个字，最早就是描绘日、月、山、水真实之形的图案，后来逐步演化变成今天的字形。
>
> 　　指事这种造字法是用象征符号，或在象形字上加一个简单符号来指示要说明的事物，兼具表形和表意的性质，是一种形意文字。例如，人在其上写作"上"；人在其下写作"下"；在"刀"上加一点为"刃"，表示这是锋利的刀刃。

2. 汉字形体的演变

　　汉字形体的演变经历了从甲骨文到金文、篆书、隶书、楷书、草书、行书等的发展历程，逐渐形成现代汉字。演变过程可以分为古文字和今文字两大阶段。隶书的出现是古、今文字的重要分水岭。在古文字阶段，汉字形体演变经历了甲骨文、金文、篆书、秦隶（古隶）。在今文字阶段，汉字形体演变经历了汉隶（今隶）和楷书，同时出现了辅助书体——草书和行书。

3. 汉字的书写和规范化

　　汉字书写的基本要素是笔画。笔画包括笔形、笔数和笔顺。

　　汉字的规范化是根据汉字的发展规律和约定俗成的原则对汉字进行定量、定形、定音和定序的规范工作。其主要包括字体简化、整理异体字、统一字形、改换生僻地名用字和整理计量单位名称用字等。

（二）汉字与字谜

　　字谜是谜语中的一种文字形式，是汉字特有的一种语言文化现象，也是一种和汉字形体、读音密切相关的民俗文化现象，突出地体现了汉字的特点和汉民族的智慧。

　　字谜主要是根据汉字笔画繁复、偏旁相对独立、结构组合多变等特点，运用离合、增损、象形、会意等多种方式创设的，在中国历史悠久、流传面广、种类繁多、变化无穷，群众喜闻乐见。

> **知识链接**
>
> 　　《清嘉录》中描绘过猜谜的盛况："城中有谜之处，远近辐辏，连肩挨背，夜夜汗漫，入夏乃已。"北宋王安石是一位字谜高手，他所作的字谜至今仍被人奉为典范："目字加两点，莫当其字猜；具字欠两点，莫当目字猜。打二字。"谜底是"贺""资"。字谜"画时圆，写时方，冬季短，夏时长"，猜一"日"字，也是他的作品。

主题二　艺以修身——文学与审美

明朝冯梦龙编有《黄山谜》，其中不乏上乘之作，如"上无半片之瓦，下无立锥之地，腰间挂着一个葫芦，倒有些阴阳之气。"谜底是"卜"字。此谜可谓形神兼备，妙不可言。明朝徐文长所制"何可废也，以羊易之"的"佯"字谜，至今仍是增损体灯谜的范例。

字谜通常由三部分组成，谜面、谜底和谜目。谜面，是猜谜时说出来或写出来给人做猜谜线索的话语；谜底，是要人去猜测的本体事物；谜目，有时候又叫谜题，是谜面意义的真实所指。在绝大多数字谜游戏中，一个谜底就是一个汉字。

通过汉字，我们可以突破时空的限制，与先贤对话；通过汉字，我们可以继承传统的辞章、考据、义理之学；通过汉字，我们可以了解古人的日常生活、高雅情趣……汉字的魅力还在于，它可以形成独树一帜的、中华民族特有的艺术形式——书法、楹联、篆刻等。

思考与实践

> 甲骨文是汉字的早期形式。甲骨文在 2017 年入选"世界记忆名录"。
>
> 1899 年，京城官员王懿荣患了伤寒，大夫开出的药方中有一味叫"龙骨"的药。王懿荣无意中发现家人买来的"龙骨"上有一些图画符号，作为中国近代金石学家、鉴藏家和书法家，王懿荣敏锐地感觉到这些符号并不一般，于是又去药房买了一些尚未碾碎的"龙骨"一探究竟，由此翻开了我国古文字研究的崭新一页，王懿荣成为甲骨学的奠基人。
>
> 在王懿荣故去之后，其收藏的千余片甲骨及研究资料被转卖给了清朝小说家、《老残游记》的作者刘鹗。1903 年，刘鹗根据这些资料编著成《铁云藏龟》一书，这是甲骨文研究的第一部专著。
>
> 迄今为止，甲骨文出土 10 多万片，含单字 5 000 个左右，现已识别 1 500 余字。近年来，甲骨文得到了越来越多的关注。瑞典汉学家林西莉近年出版的《汉字王国》图文并茂、深入浅出，成为西方人学习汉字的重要读物。在英国，甲骨文出现在了中小学生教育推广项目中。由大英博物馆联合英国教育部创建的网站"Teaching History With 100 Objects"将甲骨文选为百件历史教学文物之一。
>
> 请以"文字溯源"为主题，进行甲骨文的搜集辨认及摹写活动，感受甲骨文的魅力，担当传承重任。

星光璀璨 中国传统文学

中国传统文学具有鲜明的民族特征和美学特征，这表现为其关注现实世界和人生，强调文学的教化作用，具有浓郁的抒情色彩。在不同时代和不同体裁的文学作品中，我们可以充分理解中国传统文学的特征，领略中国传统文学之美。

一、《诗经》和《楚辞》

中国是诗的国度，在还没有明确纪年的上古时期，就已出现了各式各样的短歌与谣谚，西周、东周时期出现了先秦诗歌的双璧——《诗经》与《楚辞》。对于中国文学创作整体而言，创作于春秋时期的《诗经》是现实主义文学传统的源头，主要创作于战国时期的《楚辞》是浪漫主义文学传统的源头，它们也是中国文学运用现实主义和浪漫主义创作手法的开端，对后来的中国文学产生了深远的影响。

（一）《诗经》

《诗经》（见图1-23）是我国最早的一部诗歌总集，共305篇（另外还有6篇有题目无内容，即有目无词，称为笙诗），所以又称为"诗三百"。它收录了自西周初年到春秋中叶500多年的诗歌。

图1-23 《诗经》

《诗经》有"六义"之说，即风、雅、颂、赋、比、兴。其中，风、雅、颂是其内容特征，赋、比、兴是其表现形式。

《诗经》按文体可分为"风、雅、颂"三大类。"风"是地方民歌，有十五国风，共160篇，文学价值最高。其中，反映真挚爱情的有《关雎》《静女》《汉广》《采葛》《月出》等，反映不合理婚姻制度的有《谷风》《氓》《将仲子》等，反映统治阶级堕落的有《相鼠》《新台》等，反映艰辛徭役的有《君子于役》《鸨羽》等；反映阶级剥削与压迫的有《伐檀》《硕鼠》《七月》等。

"雅"分为大雅、小雅，是周王京都乐歌，共105篇。大雅主要记述周民族历史，如《生民》《公刘》等；小雅大部分是政治讽刺诗，如《正月》《十月之交》等。

"颂"是祭祖用的乐歌，分周颂、鲁颂、商颂，共40篇，如《丰年》等。

主题二 艺以修身——文学与审美

名篇欣赏

周南·关雎

关关雎鸠，在河之洲。窈窕淑女，君子好逑。
参差荇菜，左右流之。窈窕淑女，寤寐求之。
求之不得，寤寐思服。悠哉悠哉，辗转反侧。
参差荇菜，左右采之。窈窕淑女，琴瑟友之。
参差荇菜，左右芼之。窈窕淑女，钟鼓乐之。

魏风·硕鼠

硕鼠硕鼠，无食我黍！三岁贯女，莫我肯顾。逝将去女，适彼乐土。乐土乐土，爰得我所。

硕鼠硕鼠，无食我麦！三岁贯女，莫我肯德。逝将去女，适彼乐国。乐国乐国，爰得我直。

硕鼠硕鼠，无食我苗！三岁贯女，莫我肯劳。逝将去女，适彼乐郊。乐郊乐郊，谁之永号？

（二）《楚辞》

《楚辞》（见图1-24）由西汉刘向编辑而成，最初收集了屈原、宋玉及汉朝的淮南小山、东方朔、王褒、刘向等人的辞赋共16篇，后来王逸加进了自己的作品《九思》，共17篇。全书以屈原作品为主，其余各篇都是继承了屈原作品的形式。其主要作品有《离骚》《九歌》《九章》等。

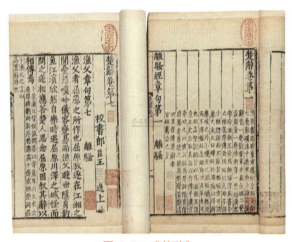

图1-24 《楚辞》

41

楚辞是战国时期在楚国民歌的基础上发展起来的新诗体，代表的是完全不同于《诗经》的美学风格，想象奇幻瑰丽，语言铺陈华美，标志着中国诗歌从民间集体创作发展到诗人独立创作的更高阶段。

 名篇欣赏

《离骚》（节选）

屈原

帝高阳之苗裔兮，朕皇考曰伯庸。
摄提贞于孟陬兮，惟庚寅吾以降。
皇览揆余初度兮，肇锡余以嘉名：
名余曰正则兮，字余曰灵均。
纷吾既有此内美兮，又重之以修能。
扈江离与辟芷兮，纫秋兰以为佩。
汨余若将不及兮，恐年岁之不吾与。
朝搴阰之木兰兮，夕揽洲之宿莽。
日月忽其不淹兮，春与秋其代序。
惟草木之零落兮，恐美人之迟暮。
不抚壮而弃秽兮，何不改乎此度？
乘骐骥以驰骋兮，来吾道夫先路！
昔三后之纯粹兮，固众芳之所在。
杂申椒与菌桂兮，岂惟纫夫蕙茝！
彼尧、舜之耿介兮，既遵道而得路。
何桀、纣之猖披兮，夫唯捷径以窘步。

二、汉乐府、建安诗歌、《古诗十九首》、陶渊明与"大小·谢"

汉朝至南北朝这一时期，古典诗歌主要发展成果是从四言为主发展到五言为主，山水田园诗兴起，其间著名的诗歌现象有汉乐府、建安诗歌、《古诗十九首》、陶渊明与"大小谢"等。

（一）汉乐府

汉乐府就是汉朝的乐府诗，多为民歌。

主题二 艺以修身——文学与审美

知识名片

乐府原指音乐机关，史载周朝已有专门管辖音乐、诗歌的官吏，秦汉时期立乐府，汉武帝时进一步扩充为大规模的专署。乐府的职责是采集民歌以及将文人歌功颂德的诗歌配乐，供统治者祭祖和朝会宴饮时采用。乐府采集演唱的民歌称为乐府诗。

现存收集乐府诗最完备的是宋朝郭茂倩所编《乐府诗集》，现存100卷，收集了5 000多首乐府诗。汉乐府大抵保存于郊庙歌辞、鼓吹曲辞、相和歌辞之中，计有百余篇。

汉乐府中有不少反映民生疾苦的诗篇，如《东门行》《妇病行》《艳歌行》《孤儿行》《战城南》等；爱情与婚姻题材的诗歌在汉乐府中也占有较大比重，如《上邪》《白头吟》《上山采蘼芜》《陌上桑》《孔雀东南飞》等。

知识链接

《妇病行》写一个久病不愈的妇人临终叮嘱丈夫要好好养育孩子，话未出口，"不知泪下一何翩翩"。病妇死后，父亲为孩子奔走觅食，"道逢亲友，泣坐不能起"，回家后，小孩不知母亲已死，还哭着要母亲抱。全诗描写贫苦家庭的惨状，催人泪下。原诗如下：

妇病连年累岁，传呼丈人前一言。

当言未及得言，不知泪下一何翩翩。

"属累君两三孤子，莫我儿饥且寒，

有过慎莫笪笞，行当折摇，思复念之！"

乱曰：抱时无衣，襦复无里。

闭门塞牖，舍孤儿到市。

道逢亲交，泣坐不能起。

从乞求与孤儿买饵，对交啼泣，泪不可止："我欲不伤悲不能已。"

探怀中钱持授交。

入门见孤儿，啼索其母抱。

徘徊空舍中，"行复尔耳，弃置勿复道！"

其他反映民生疾苦的诗篇，如《东门行》写一个城市贫民为生活所迫而决定铤而走险、与妻子生离死别的情景；《艳歌行》描写了流浪者远离家乡的凄苦；《孤儿行》中的孤儿，因不堪忍受兄嫂的虐待，小小年纪便有生不如死的想法；《战城南》通过对凄惨荒凉的战场的描写，揭露了战争的残酷。

汉乐府继承和发展了《诗经》现实主义的优秀传统，以叙事为主要特色，"感于哀乐，缘事而发"，是我国古代叙事诗的第一个高峰。

（二）建安诗歌

建安时期是五言诗创作的成熟时期，文人诗歌创作"五言腾涌"，其中成就最大的是曹操、曹丕、曹植父子，及"建安七子"孔融、王粲、刘桢、徐干、陈琳、阮瑀、应玚。

建安诗歌表现的是一代文士精英有为奋发的悲壮豪情，他们反映国家的丧乱和人民的苦难，表现了对苍生百姓苦难的同情和责任感，具有身处末世重整河山的英雄气概和人生短暂要及时建功立业、名垂青史的奋发精神，创作的诗歌具有强烈的现实性。

建安诗歌具有慷慨刚健的抒情风格，被后世称为建安风骨，又称汉魏风骨。建安诗人在诗歌史上第一次掀起了文人诗歌的风潮。

> **知识链接**
>
> 曹操和曹丕、曹植父子三人，既是建安时代政治的中枢，又是文坛的领袖。他们以自己的特殊身份，吸引了许多文人，开创了一代文学风气。其中，曹操的诗歌沉雄悲凉，《蒿里行》《短歌行》《步出夏门行》等杰作反映了动乱的社会现实，表露了诗人渴望建功立业、统一天下的雄心壮志。曹植的五言诗创作"骨气奇高，辞采华茂"（钟嵘《诗品》），《白马篇》《赠白马王彪》等抒发了为国立功的雄心壮志和壮志难酬的激愤悲凉。

（三）《古诗十九首》

《古诗十九首》为南朝萧统从传世无名氏《古诗》中选录19首编入《昭明文选》而成，是乐府古诗文人化的显著标志。它深刻地再现了文人在汉末社会思想大转变时期追求的幻灭与沉沦以及心灵的觉醒与痛苦。

《古诗十九首》所抒发的是人生最基本、最普遍的几种情感和思绪，令古往今来的读者常读常新。在内容上，它多写夫妇、朋友间的离愁别绪和士人的彷徨失意，充满了伤感低沉的情调；在艺术上，语言朴素自然，描写生动真切，具有浑然天成的艺术风格。写游子思归的《行行重行行》，写新婚离别的《冉冉孤生竹》，写强烈爱情追求的《迢迢牵牛星》，写怀才不遇心情的《西北有高楼》，写及时行乐的《生年不满百》《驱车上东门》等，都是其中的名篇。

主题二　艺以修身——文学与审美

名篇欣赏

行行重行行

行行重行行，与君生别离。
相去万余里，各在天一涯。
道路阻且长，会面安可知？
胡马依北风，越鸟巢南枝。
相去日已远，衣带日已缓。
浮云蔽白日，游子不顾反。
思君令人老，岁月忽已晚。
弃捐勿复道，努力加餐饭。

迢迢牵牛星

迢迢牵牛星，皎皎河汉女。
纤纤擢素手，札札弄机杼。
终日不成章，泣涕零如雨。
河汉清且浅，相去复几许？
盈盈一水间，脉脉不得语。

（四）陶渊明与"大小谢"

三国两晋南北朝时期，中国古典诗歌产生了山水诗、田园诗等不同诗派，陶渊明和"大小谢"（谢朓与谢灵运）是主要代表人物。

陶渊明是东晋时期的伟大诗人，他继承乐府诗的现实主义传统，通过描写自己亲自参加农业生产劳动的过程和体会，创造性地展现了和谐、美丽又富有深意的村居生活，创造了情、景、理交相融合的艺术境界，开创了田园诗派，后世诗人包括王维、李白、杜甫、苏轼等都受到他很大影响。

人物小像

陶渊明（约365—427，见图1-25），一名潜，字元亮，浔阳柴桑（今江西九江市西南）人。他出身于一个没落的官僚家庭，年轻时受儒家思想教育，颇有抱负，同时又受道家思想影响，不同于流俗。曾做过几任小官，不愿违背自己的心愿，辞官归隐田园。

《饮酒》《桃花源记》《归去来兮辞》《五柳先生传》等是其代表作,现摘录《饮酒》如下:

> 结庐在人境,而无车马喧。
> 问君何能尔?心远地自偏。
> 采菊东篱下,悠然见南山。
> 山气日夕佳,飞鸟相与还。
> 此中有真意,欲辨已忘言。

图 1-25 陶渊明

与陶渊明同时代的谢灵运,也称"大谢",是开创山水诗派的第一人。使山水成为独立的审美对象,把诗歌从"淡乎寡味"的玄理中解放了出来,他又以炼句著称,"池塘生春草""白云抱幽石"等名句传诵一时,加强了诗歌的形象感和艺术表现力,影响了一代诗风。谢朓,又称"小谢",诗写得清新圆熟,对唐代律诗、绝句的形成有重要影响,李白"一生低首谢宣城",对其非常钦慕。

三、唐诗宋词元曲

唐代是诗歌的时代,诗歌中展现的盛唐气象让后人倾慕不已。宋代的文人则更擅长用词来表达个人的心境和意绪。到了元代,迎合市民阶层趣味的元杂剧发展成熟,诞生了大量优秀的剧目。

(一)唐诗

唐诗,可以说是中国文人的千古绝唱。唐代文学以诗为尊,其水平之高,无以复加;作品之盛,空前绝后。仅清朝康熙年间所编的《全唐诗》就收录诗人 2 000 余家,诗歌近 5 万首,从太宗诗起,止于李峤,比之前 1 600 多年留下的诗篇多出两倍多。

唐诗一般可分为初唐、盛唐、中唐、晚唐四个阶段。初唐诗歌以陈子昂和"初唐四杰"(王勃、杨炯、卢照邻和骆宾王)为代表,盛唐诗歌以李白、杜甫及山水田园诗派和边塞诗派等为代表,中唐诗歌以韩愈、柳宗元、白居易、元稹等为代表,晚唐诗歌以李商隐、杜牧等为代表。

唐代诗歌流派众多,以盛唐为例,当时社会安定、经济繁荣,是唐诗全面繁荣阶段,产生了两大流派:一派是以高适、岑参的作品为代表的"边塞诗",这类诗描写边塞的奇丽风光,抒发诗人渴望建功立业、施展才能的愿望;另一派是以王维、孟浩然为代表的"田园诗",这类诗作描写了幽美宁静的田园生活,表现了诗人怡然自得的心境,有一种难以言说的空灵之美。

主题二 艺以修身——文学与审美

人物小像

王维（693 或 694 或 701—761）（见图1-26），字摩诘，号摩诘居士，官至尚书右丞，世称王右丞。他受禅宗影响很大，精通佛学，有"诗佛"之称，精通诗、书、画、音乐等，唐代宗誉其为"天下文宗"。王维的山水田园诗表现了古代文人的高雅趣味，对后世影响深远，他早年从军所写的边塞诗也壮丽豪迈，非常出色。有《相思》《使至塞上》《山居秋暝》等多首佳作，传诵至今。

图1-26 王维

苏轼评价他说："味摩诘之诗，诗中有画；观摩诘之画，画中有诗。"（《东坡题跋·书摩诘蓝田烟雨图》）"吴生（道子）虽妙绝，犹以画工论。摩诘得之于象外，有如仙翮谢笼樊。吾观二子皆神俊，又于维也敛衽无间言。"北宋官方主持编撰的《宣和画谱》中说："维善画，尤精山水，当时之画家者流，以谓天机所到，而所学者皆不及，后世称重，亦云维所画不下吴道玄也。观其思致高远，初未见于丹青，时时诗篇中已自有画意。由是知维之画，出于天性，不必以画拘，盖生而知之者。"

唐代最伟大的诗人当推"诗仙"李白（见图1-27）和"诗圣"杜甫（见图1-28），他们并称"李杜"，人们称赞他们"李杜文章在，光焰万丈长"。李白的诗作飘逸不群，深受庄子和屈原的影响，具有强烈的浪漫主义色彩，代表作有《将进酒》《蜀道难》《静夜思》《赠孟浩然》等。李白在诗中热情地赞美祖国的大好山河，表现出蔑视权贵、追求自由的精神，为后人留下无数名言佳句。杜甫的诗有沉郁顿挫之美，他有强烈的忧患意识，关心民间疾苦，其诗作"三吏""三别"等控诉了战争给人们带来的灾难，表现出对百姓的深切同情。杜甫的诗被后人誉为"诗史"。

图1-27 李白

图1-28 杜甫

人物故事

744年，43岁的李白和32岁的杜甫在当时的东都洛阳一见如故，结为挚友。那时，被赐金放还的李白刚刚心灰意冷、满怀忧愤地离开都城长安，而多次赴考落第的杜甫正在洛阳城内犹豫不决，不知何去何从，二人便在这种情况下相识。

他们惺惺相惜，平等交流，抒怀遣兴，评古论今，建立了深厚而真挚的友情。离别前，二人相约下次在梁宋（今河南开封商丘一带）会面，之后一起访道求仙。

同年秋天，两人如约到了梁宋，在这里，他们还遇到了诗人高适。三人各有大志，理想相同，一起畅游山水，评文论诗，纵谈天下大势。

第二年，即745年，李白与杜甫在东鲁第三次会见，二人同游齐赵。他们一同驰马射猎，赋诗论文，同行同宿，亲如弟兄，就像杜甫在《与李十二白同寻范十隐居》中所写的一样："我亦东蒙客，怜君如弟兄。醉眠秋共被，携手日同行。"

他们还一道寻访隐士高人，去齐州拜访当时驰名天下的文章家、书法家李邕。

这年秋冬之际，李白与杜甫在鲁郡（今山东兖州）相别，杜甫写了《赠李白》一诗："秋来相顾尚飘蓬，未就丹砂愧葛洪。痛饮狂歌空度日，飞扬跋扈为谁雄？"

短短一年多的时间，李白与杜甫两次相约、三次会见，知交之情不断加深，但他们分手后的表现却大不相同。

李白是个"不求天长地久，但求曾经拥有"的人，对爱情如此（他一生结过好几次婚），对友情亦然，所以他走到哪里都能很快交上朋友，而离开之后又会很快不再去想曾经的故人。

杜甫在友谊上则很执着，和李白道别后，他对这位老友念念不忘，为他写了不少诗篇，流传至今的就至少有《春日忆李白》《冬日有怀李白》《天末怀李白》《梦李白（二首）》等五首。

在诗中，杜甫盼望着"何时一樽酒，重与细论文"，感叹"三夜频梦君，情亲见君意"，挂念李白的衣食住行——"凉风起天末，君子意如何""江南瘴疠地，逐客无消息"，担心李白被流放以后的安全——"江湖多风波，舟楫恐失坠""水深波浪阔，无使蛟龙得"，至诚君子之心溢于言表，一往情深之谊令人感动。

李白流放夜郎途中遇赦的消息传到杜甫所居的成都时，杜甫欣喜至极，写下了《不见》一诗："不见李生久，佯狂真可哀！世人皆欲杀，吾意独怜才。敏捷诗千首，飘零酒一杯。匡山读书处，头白好归来。"（摘自网络，有删减）

（二）宋词

宋词可以说是中国文人的浅唱低吟，它继承了古代乐府，是在唐朝民歌以及教坊乐曲的基础上发展而来的，最初被称为"诗之余"。

主题二 艺以修身——文学与审美

词本是曲子词的简称，是一种合乐的歌词，后来发展成一种抒情的诗体。词起源于隋唐时期，发展于五代时期，鼎盛于宋朝（词人数百家，此时为词的黄金时代），衰微于元明时期，复兴于清朝，并连绵发展至今。

宋词的发展主要可分为四个阶段：

第一个阶段，晏殊、张先、晏几道、欧阳修等承袭"花间"余绪，为由唐入宋的过渡。由于欧阳修、晏殊等人社会地位高，文学修养深厚，沿袭温庭筠（见图1-29）以来的传统，

图1-29 温庭筠

主要以词描写深宅大院内的生活，词作多为含蓄凝练的小令，被后人称为"贵族词"。

第二个阶段，柳永（见图1-30）、苏轼（见图1-31）在形式与内容上所进行的新开拓，以及秦观、赵令畤、贺铸等人的艺术创作，促进宋词出现多种风格竞相发展的繁荣局面。在此阶段，柳永开始创作市民词，创制长调的慢词，自此词的规模发生了显著变化，他描写羁旅、市井生活，使词的内容突破狭隘的宅院，反映大千世界，对宋词的发展起了奠基的作用。苏轼以诗为词，开创了豪放词，词成为严肃、独立的文学样式，摆脱了"诗之余"的定位。

图1-30 柳永

图1-31 苏轼

第三个阶段，周邦彦在艺术创作上的集大成，体现了宋词的深化与成熟。周邦彦兼采众家所长，注重词牌的整理与规范化，为词的创作提供了典型范例，促进了词体的成熟。

图1-32 辛弃疾

第四个阶段，以辛弃疾（见图1-32）为中心的豪放派词人将词推向雄奇阔大的境界，无事无物不可入词。辛弃疾有英雄豪杰之才气，生当衰世，他将自己无处发泄的"一腔忠愤"及其"抑郁无聊之气"寄之于词，形成了自己的特色，是南宋词坛伟大的词人。

从流派上看，宋词分为"豪放派"和"婉约派"两大流派。"豪放派"的作品抒情言志、风格豪迈、境界高远，代表词人有苏东坡、辛弃疾等；"婉约派"的风格则表现为缠绵悱恻、清丽婉约、情真意切，代表词人有李清照（见图1-33）、柳永、秦观等。

图 1-33 李清照

知识链接

唐末的温庭筠是历史上第一位大词人,他被后人称为花间派鼻祖,他使词雅化的同时也将词的场景局限于深宅高墙之内,将词的内容局限于贵族妇女的爱恨情愁。

柳永是宋代第一个大量创作慢词的词人,在他的努力下,从根本上改变了唐五代以来词坛上小令一统天下的格局,形成了慢词和小令平分秋色的局面。他凭借着自己的不断探索和创新精神,开辟了一条词创作的新路。在词的语言上,他大胆吸收俚俗语言,使词显得生动活泼;在表现方法上,他创造性地运用铺叙和白描手法,对词的艺术表现是一个重大的突破。

苏轼在词的创作上取得了非凡的成就。他对词体进行了全面改革,提出"诗词一体""自成一家"的词学观念和创作主张。"以诗为词",打破了诗与词的界限,突破了"词为艳科"的局面,开拓了词境,提高了词品,扩大了词的表现功能,使词像诗一样可以充分表现作者的人生抱负和个性,大大提高了词的文学地位。

在宋朝词坛上,女词人李清照占有重要的地位。她的词情感真挚、用语清新别致,能以日常语入词,形成了独特的易安体。李清照提出词"别是一家"之说,即词是一种与诗不同的独立抒情文体,词对音乐性和节奏感有更独特的要求。在音律、思想内容、艺术风格、表现形式等方面,都应保持自己的特色。李清照从词的本体论角度确立了词体在文学上的独立地位。

辛弃疾的词在艺术风格上也是丰富多彩的。首先,是对词进行大胆的创新,更新了表现方法。其次,是表现形式和风格的多样化。辛弃疾的词向来以豪放著称,词作大多悲壮激昂、豪迈奔放,但又兼有清丽、飘逸、妩媚的风格。

主题二　艺以修身——文学与审美

 名篇欣赏

菩萨蛮·其一
温庭筠

小山重叠金明灭，鬓云欲度香腮雪。懒起画蛾眉，弄妆梳洗迟。

照花前后镜，花面交相映。新帖绣罗襦，双双金鹧鸪。

雨霖铃·寒蝉凄切
柳永

寒蝉凄切，对长亭晚，骤雨初歇。都门帐饮无绪，留恋处，兰舟催发。执手相看泪眼，竟无语凝噎。念去去，千里烟波，暮霭沉沉楚天阔。

多情自古伤离别，更那堪，冷落清秋节！今宵酒醒何处？杨柳岸，晓风残月。此去经年，应是良辰好景虚设。便纵有千种风情，更与何人说？

定风波
苏轼

三月七日，沙湖道中遇雨。雨具先去，同行皆狼狈，余独不觉，已而遂晴，故作此词。

莫听穿林打叶声，何妨吟啸且徐行。竹杖芒鞋轻胜马，谁怕？一蓑烟雨任平生。

料峭春风吹酒醒，微冷，山头斜照却相迎。回首向来萧瑟处，归去，也无风雨也无晴。

如梦令·昨夜雨疏风骤
李清照

昨夜雨疏风骤，浓睡不消残酒。试问卷帘人，却道海棠依旧。知否，知否？应是绿肥红瘦。

永遇乐·京口北固亭怀古
辛弃疾

千古江山，英雄无觅，孙仲谋处。舞榭歌台，风流总被，雨打风吹去。斜阳草树，寻常巷陌，人道寄奴曾住。想当年，金戈铁马，气吞万里如虎。

元嘉草草，封狼居胥，赢得仓皇北顾。四十三年，望中犹记，烽火扬州路。可堪回首，佛狸祠下，一片神鸦社鼓。凭谁问：廉颇老矣，尚能饭否？

（三）元曲

元曲可以说是中国文人创建的忠奸善恶的虚拟世界。继唐诗、宋词之后蔚为文学之盛的元曲，原本是民间流传的"街市小令"或"村坊小调"，随着元朝的建立，先后在以大都（今北京）和临安（今杭州）为中心的南北广袤地区流传开来。

元曲的艺术成就非常突出，既明白如话，又用词典雅，有些精彩唱词，简直就是一首首优美的抒情诗。它包括元杂剧和散曲，后来的昆曲、梆子、皮黄、京剧等均脱胎于此。其中，元杂剧属于戏剧，剧目多达 700 余种，流传至今的剧本还有 200 多种。这些剧目内容丰富，类别多样，有爱情剧、公案剧、世情剧和历史剧等。散曲属于诗歌，可以说是元朝的新体诗，是当时文人学士和世俗大众雅俗共赏、喜闻乐见的一种通俗艺术形式。散曲是从词演化出来的。

元曲的主要代表人物是关汉卿、马致远、郑光祖、白朴、王实甫、汤显祖等，其中，关汉卿、马致远、郑光祖和白朴被称为"元曲四大家"。

人物小像

关汉卿（见图 1-34）是元杂剧的奠基人，他创作了 66 种杂剧，其作品思想丰富、内容深刻，是现实主义和浪漫主义的完美结合。他的代表作《窦娥冤》塑造了一个含冤被杀的普通女性的形象，生动地反映了当时黑暗的社会现实，表达了人们渴望公平正义的愿望。

王实甫（见图 1-35）也是元代一位杰出的剧作家，他创作的杂剧有 14 种。其代表作《西厢记》突破了元杂剧一般一本四折表现一个故事的框框，按戏剧内容展开为五本二十一折；情节曲折、结构严谨、用词华丽，热情歌颂了青年男女追求爱情自由的抗争精神，控诉了封建礼教对人性的束缚。

汤显祖（见图 1-36）被誉为"中国戏圣"和"东方莎士比亚"，有多方面的成就，以戏曲创作为最。他的代表作《牡丹亭》（又名《还魂记》）通过杜丽娘、柳梦梅的爱情故事表现了反对封建婚姻制度、追求个性自由的理想。《牡丹亭》是一首至真、至美、至纯的爱情颂歌，是汤显祖"至情"论的演绎。作品情节离奇，辞采华丽，具有浓郁的浪漫色彩，是古代爱情戏中影响最大、艺术成就极高的杰作之一。

图 1-34　关汉卿

图 1-35　王实甫

图 1-36　汤显祖

（四）唐诗宋词元曲常识

1. 古诗

（1）诗体。古诗的诗体可分为古体诗、近体诗。古体诗指的是近体诗形成前的各种诗歌体裁，也称古诗、古风，不受格律的束缚。近体诗是唐朝形成的，在字数、声韵、对仗方面都有严格规定。

（2）近体诗的格律。近体诗可分为绝句和律诗，四句为绝句，八句为律诗，长于八句叫长律，也叫排律。

近体诗的格律主要有如下特点：无论绝句，还是律诗，只有五言诗和七言诗两种，各句字数相等。偶数句押韵，一韵到底。一般只用平声韵，首句可入韵，也可不入韵。七律诗以首句入韵为正格，不入韵为变格；五律诗以首句不入韵为正格，入韵为变格。必须用对仗，七律诗和五律诗的颔联和颈联要分别两两对仗，排律除了首、尾两联不对仗以外，其他各联要分别对仗。绝句对仗没有专门要求，一般情况下，颈联工对，颔联可以为宽对，必须合乎平仄。五言诗和七言诗分别都有四种基本的平仄句式，四种句式交错变化构成绝句和律诗的平仄格式，即基本篇式。

2. 词

（1）体式。宋词在体式上有单片体和多片体之分。片也称阕，多片体的分片主要是依据乐曲的分段而来的。乐曲分两段的较多，所以词中双片体较多。双片体的词，上、下片完全一样的，称为双叠体。现存最长的词牌是《莺啼序》，共4片，240字。

（2）词牌。每首词都有一个调名，又称"词牌"，如《满庭芳》《扬州慢》等。一首词的词牌与一首诗的诗题并不相同，诗题是诗的内容的揭示，词牌则是乐曲内容及其性质的标志。唐五代词很少在词牌外另加题或序，随着词的逐渐文学化，从苏轼始，词牌外另用题、序明显增多，至南宋已经流行。

3. 散曲

散曲有小令、套数、带过曲三种类型。

小令，又名"叶儿"，一般由一支曲牌构成，相当于词的一阕。

套数，又称散套、套曲，是同一宫调按照既定的规律顺序连缀而成的组曲，短的可以两个曲牌，长的可以二三十个曲牌。套数中各支曲子连缀的先后次序有一定规矩，不可以任意搭配和随意颠倒。套数的末尾大多有尾声，称"尾""尾声""隔尾""煞""赚煞"。套数的用韵必须首尾一致，一韵到底，中途不能换韵。

带过曲是由两三个同宫调且音律衔接的曲牌连接而成的一种小型组曲，介乎小令和套数之间。带过曲必须一韵到底，最多不超过三调。

每支小令都有曲牌（曲调），如同词牌（词调）一样。各调有不同的字数、句法、平仄、韵脚，即所谓"句式定格"。这些曲调分属于不同的宫调，北曲有十二宫调，南曲有九宫十三调。

散曲注重宫调，宫、调原本是古代音乐的两个名词概念。宫指宫音的律位，似同今之所谓调高；调指调高确定后构成音乐旋律的主音，我国古音为"五音二变"，即宫、商、角、变徵、徵、羽、变宫，相当于今之简谱的 1、2、3、4、5、6、7 七个音阶。散曲的宫调出于隋唐燕乐，以琵琶四弦定为宫、商、角、羽四声，每弦上构成七调，宫声的七调为宫，其他的都为调，共得二十八宫调。每一种宫调均有其音律风格，故对于调子的选择往往有一定的习惯。

四、古代散文

我国古代散文可以分为先秦散文、汉朝散文、三国两晋南北朝散文、唐宋散文和明清散文。先秦散文包括历史散文和诸子散文，是诸子散文的高峰期；汉朝散文是史传散文、政论散文和应用文的成熟期；三国两晋南北朝时期，骈文成熟流行，非骈文也有所成就；唐宋时期以古文运动为核心，散文创作达到新的高峰；明清时期是我国古代散文规范化和重新探索时期。

（一）先秦散文

先秦时期不但诗歌空前繁荣，散文更是丰富多彩，主要成就为历史散文和诸子散文两大类。先秦散文的渊源可以追溯到商和西周时期，鼎盛期则在春秋战国。

1. 历史散文

历史散文是以历史题材为主的散文，凡记述历史事件、历史人物的文章和书籍都是历史散文，它为中国的历史文学奠定了基础，对后世历史家和古文家都产生了极为深远的影响。历史散文主要有《尚书》《国语》《左传》《战国策》。

《尚书》是我国第一部历史散文集和记言体史书，其内容包括殷商和西周初年的王室文语、命令、誓词、王公大臣的讲话、训示等。《尚书》文辞古奥，比较难读，但也有些形象化的比拟，如《盘庚》篇的"若火之燎于原，不可向迩""若网在纲，有条不紊"等，后来演变为成语，沿用至今。

《国语》是我国第一部国别体史书，记录范围为上起周穆王十二年（前 990 年）西征犬戎，下至智伯被灭（前 453 年）。分别记载了周朝及诸侯各国之事，所记大多为当时较有远见的开明贵族的话，后人称为《春秋外传》或《左氏外传》。《国语》中包括各国贵族间朝聘、宴飨、讽谏、辩说、应对之辞以及部分历史事件与传说。

《左传》是先秦历史散文中成就最高的，记事起于前 722 年，止于前 464 年，以鲁国为主体，逐年逐月记录各国政治、军事、外交等重大活动。《左传》文字精练，句法灵活，篇章长短不一，已能通过细节表现人物的品德和习性。《左传》擅长写战争，尤其是大战，

如城濮之战等，尽管矛盾错综复杂，却显得紧张曲折而又井然有序；对小的战斗也能抓住特点，突出其胜败的主要经验教训，如《曹刿论战》；一些政变或谋杀事件，如"晋灵公谋赵盾""齐人杀庆舍"等，也写得很精彩。

《战国策》主要记载了战国时期谋臣策士的种种活动及辞说，特点是长于说事，善用比喻、寓言，人物形象塑造极为生动，代表篇目有《唐雎不辱使命》《邹忌讽齐王纳谏》等。

2.诸子散文

诸子散文以论说为主，又称哲理散文。诸子散文的主要代表作为《论语》和《庄子》。

《论语》是最早的诸子散文，它以流畅简易的语言如实记录了孔门师生的言论，其中有不少名句兼具形象性和哲理性。例如，"岁寒，然后知松柏之后凋也""子在川上曰：逝者如斯夫，不舍昼夜"等，是格言，且富诗意；"子路、曾皙、冉有、公西华侍坐""子之武城"等生活片段，则别有情味和意趣。

《庄子》的文章结构汪洋恣肆，波澜起伏，变幻莫测，其文风对后世浪漫主义文学有深远的影响。作者特别富于想象力，擅长运用神话、童话式的寓言故事，巧妙地论证哲理。

（二）汉朝散文

汉朝散文是先秦散文的延续，而汉朝是我国古代散文开枝散叶的时期。西汉时期，司马迁的《史记》把传记散文推到了前所未有的高峰；东汉以后，开始出现了书、记、碑、铭、论、序等个体单篇散文形式，应用文的写作开始成熟。

知识链接

汉朝除散文外，还出现了一种新的文体——赋。

赋的名称始于战国赵人荀卿的《赋篇》。赋的形成受到《诗经》《楚辞》及先秦散文的影响，兼具诗歌和散文的双重性质，接近散文的称为文赋，接近骈文的称为骈赋。

汉赋模式化的表现特征有抒情、说理、比物连类、夸饰铺排及主客辩难的体式。汉朝流行的有大赋、京都赋、抒情小赋。

贾谊是骚体赋创作的杰出代表，其作品有《吊屈原赋》《鹏鸟赋》，抒情述志、情感浓郁，与楚辞有明显的承继关系。枚乘的代表作《七发》开创大赋体式。司马相如的《子虚赋》《上林赋》《大人赋》等代表了汉大赋的最高成就，司马相如也因此与司马迁并称为"文章西汉两司马"。班固的《两都赋》和张衡的《二京赋》是汉朝京都赋的代表作。张衡的《归田赋》是汉朝抒情小赋的开山之作。

汉朝散文主要代表人物有贾谊、晁错、司马迁、班固等。

贾谊和晁错都是西汉初期优秀的政论作家。贾谊的名作有《治安策》《论积贮疏》《过秦论》，其中，《过秦论》分析总结了秦王朝的覆亡原因，为汉王朝提供了借鉴，见解深刻，文笔奔放，气势磅礴。晁错的《论贵粟疏》提倡重农抑商，安定人民生活，辞意明畅，条贯清晰，语言简朴。

司马迁（见图1-37）是西汉中期的名家，其所著《史记》是我国第一部纪传体通史，也是成功的史传文学巨著。《史记》开创了以本纪列传为主的传记文体，塑造了一系列性格鲜明、形象突出的历史人物，其高超的散文艺术被后世奉为楷模。

图1-37　司马迁

小组活动

司马迁的《史记》是"二十四史"之首，被鲁迅评为"史家之绝唱，无韵之离骚"。查阅相关资料，了解司马迁的故事，理解《史记》的重要影响和现实意义，为司马迁及其《史记》做一份名片。

班固是东汉著名的史学家、文学家，与司马迁并称"班马"。班固的《汉书》，是我国第一部纪传体断代史，文风比较严谨详赡，语言渐趋整齐藻饰，在描写人物、叙述故事时不乏佳作。

（三）三国两晋南北朝散文

三国、两晋时期，散文形成了重文采、重抒情、重个性的创作趋势。到南北朝时，骈文成为一种成熟的散文形式，并发展到顶峰。

魏晋时期散文开始从哲学和史学中独立出来，更具艺术特质，抒情色彩越来越浓，骈偶化倾向日益明显，遣词造句的技巧更为讲究，体裁也愈加多样化。

主题二 艺以修身——文学与审美

知识名片

建安散文首开散文之新风。曹操被鲁迅称为"改造文章的祖师",他的作品改变了汉朝文章的积习,清峻、通脱、质朴、简约,代表作有《让县自明本志令》《求贤令》等。曹丕、曹植的文章明显地注重辞采骈偶,曹丕的《典论·论文》是中国文学批评史上的第一部文学专论。

东晋时期,在骈文继续发展的情况下,一部分人仍从事散文写作。前期如王羲之,其文风清淡,不尚辞藻,而多有情致,名篇有《兰亭集序》等。后期有陶渊明,其文风自然淡泊,内容丰腴,一扫当时玄学佛理的空幻迷离而归于山水田园人情物态的欢悦。其代表作《桃花源记》《归去来兮辞》《五柳先生传》等脍炙人口,流传至今。

名篇欣赏

归去来兮辞

陶渊明

归去来兮,田园将芜胡不归?既自以心为形役,奚惆怅而独悲?悟已往之不谏,知来者之可追。实迷途其未远,觉今是而昨非。舟遥遥以轻飏,风飘飘而吹衣。问征夫以前路,恨晨光之熹微。

乃瞻衡宇,载欣载奔。僮仆欢迎,稚子候门。三径就荒,松菊犹存。携幼入室,有酒盈樽。引壶觞以自酌,眄庭柯以怡颜。倚南窗以寄傲,审容膝之易安。园日涉以成趣,门虽设而常关。策扶老以流憩,时矫首而遐观。云无心以出岫,鸟倦飞而知还。景翳翳以将入,抚孤松而盘桓。

归去来兮,请息交以绝游。世与我而相违,复驾言兮焉求?悦亲戚之情话,乐琴书以消忧。农人告余以春及,将有事于西畴。或命巾车,或棹孤舟。既窈窕以寻壑,亦崎岖而经丘。木欣欣以向荣,泉涓涓而始流。善万物之得时,感吾生之行休。

已矣乎!寓形宇内复几时?曷不委心任去留?胡为乎遑遑欲何之?富贵非吾愿,帝乡不可期。怀良辰以孤往,或植杖而耘耔。登东皋以舒啸,临清流而赋诗。聊乘化以归尽,乐夫天命复奚疑!

南朝文坛流行骈文,成功的散文作品较为少见。北朝先后有三大著作,都以散体为主。郦道元的《水经注》既是伟大的地理著作,也是成功的文学散文,是后世游记散文的先导。杨衒之的《洛阳伽蓝记》,以洛阳全盛时期的佛寺为纲,主要描述塔庙殿阁等建筑的规模形制、兴废始末，以及有关的历史掌故、神话传说，全面地反映了北魏后期的社会生活。颜之推的《颜氏家训》文字通俗易懂，完全脱离骈偶风气，以儒家思想教育子弟，提倡务实，反对空谈，谴责齐梁以来的浮华作风，常举引当时正反事例为证，生动深刻。

（四）唐宋散文

中唐时期，韩愈、柳宗元以复古相号召，提倡先秦两汉时期的散文形式，反对骈文，古文运动由此兴起。在古文运动的推动下，散文在写法上日益繁复，出现了文学散文，产生了不少优秀的山水游记、寓言、传记、政论、杂文等。

古文运动的主要口号是"文以载道""不平则鸣""陈言务去""文从字顺"。其中，"文以载道"，即文章要有高度的思想性，反对言之无物；"不平则鸣"，即努力反映现实中的矛盾，反对粉饰太平；"陈言务去"，旨在提倡创新，反对模仿；"文从字顺"，要求语言妥帖流畅，合乎自然，反对矫揉造作。

古文运动树立了一种摆脱陈言俗套、自由抒写的新文风，大大提高了散文的抒情、叙事、议论、讽刺的艺术功能，在我国散文史上的影响极为深远。

（1）唐代古文运动的领袖主要是韩愈和柳宗元。

韩愈在散文史上的功绩主要是扭转了六朝以来泛滥文坛数百年的形式主义逆流，确立了之后1 000多年的古文正宗地位，使中国古典散文沿着健康的道路继续前进。韩愈文章中最为人们称道的是他的杂文和政论。例如，《马说》以"千里马常有，伯乐不常有"比喻贤才难遇识者，为千古才士鸣不平；《师说》批判耻于学师的习惯势力。这些文章逻辑严密，布局精巧，语言刚劲，气势雄浑。韩愈的祭文和序文也有不少是优美的抒情散文，如《祭十二郎文》被后人誉为"祭文中的千年绝调"。

小组活动

苏轼说韩愈"文起八代之衰"，这一评价准确吗？他的哪些作品及其特点可以佐证此评价？请查阅相关资料并在小组中进行讨论。

柳宗元的散文论说性强，笔锋犀利，讽刺辛辣。柳宗元的散文种类很多，如山水游记、寓言故事、传记、政论等。其山水游记如《永州八记》等，文笔清新，寓意深沉，境界幽峭，在抒写自然景物的同时，常常寄托感慨，曲折地表达出对丑恶现实的抗议；寓言故事如《永某氏之鼠》，谴责寄生虫们为非作歹，不得长久；传记如《捕蛇者说》反映苛重赋税对农民的摧残甚于毒蛇；政论名篇《封建论》，论证郡县制符合历史发展趋势，批判分封制不合时宜，是关于这一问题长期争论的总结。柳宗元所作寓言故事都能抓住某种动物的本质，加以夸张想象，使人读后饶有兴味，又严峻沉郁，耐人寻味；传记则多取材于下层，常常借题发挥，指控统治阶级的压迫，同情劳动人民的不幸。

（2）宋代古文运动的领袖主要有王安石、曾巩、苏洵、苏轼等。

王安石的散文挺拔劲峭，简明洁净，内涵高深奇突，其名篇有《游褒禅山记》《答司马谏议书》《伤仲永》等。

曾巩的散文文风平缓朴实，善叙事理，讲究行文布局法度，其名篇如《墨池记》等。

苏洵的散文纵横雄奇，宏伟犀利，其名篇如《六国论》等。

名篇欣赏

六国论

苏洵

六国破灭，非兵不利，战不善，弊在赂秦。赂秦而力亏，破灭之道也。或曰：六国互丧，率赂秦耶？曰：不赂者以赂者丧，盖失强援，不能独完。故曰：弊在赂秦也。

秦以攻取之外，小则获邑，大则得城。较秦之所得，与战胜而得者，其实百倍；诸侯之所亡，与战败而亡者，其实亦百倍。则秦之所大欲，诸侯之所大患，固不在战矣。思厥先祖父，暴霜露，斩荆棘，以有尺寸之地。子孙视之不甚惜，举以予人，如弃草芥。今日割五城，明日割十城，然后得一夕安寝。起视四境，而秦兵又至矣。然则诸侯之地有限，暴秦之欲无厌，奉之弥繁，侵之愈急。故不战而强弱胜负已判矣。至于颠覆，理固宜然。古人云："以地事秦，犹抱薪救火，薪不尽，火不灭。"此言得之。

齐人未尝赂秦，终继五国迁灭，何哉？与嬴而不助五国也。五国既丧，齐亦不免矣。燕赵之君，始有远略，能守其土，义不赂秦。是故燕虽小国而后亡，斯用兵之效也。至丹以荆卿为计，始速祸焉。赵尝五战于秦，二败而三胜。后秦击赵者再，李牧连却之。洎牧以谗诛，邯郸为郡，惜其用武而不终也。且燕赵处秦革灭殆尽之际，可谓智力孤危，战败而亡，诚不得已。向使三国各爱其地，齐人勿附于秦，刺客不行，良将犹在，则胜负之数，存亡之理，当与秦相较，或未易量。

呜呼！以赂秦之地，封天下之谋臣，以事秦之心，礼天下之奇才，并力西向，则吾恐秦人食之不得下咽也。悲夫！有如此之势，而为秦人积威之所劫，日削月割，以趋于亡。为国者无使为积威之所劫哉！

夫六国与秦皆诸侯，其势弱于秦，而犹有可以不赂而胜之之势。苟以天下之大，下而从六国破亡之故事，是又在六国下矣。

苏轼是宋朝最著名的散文家，他是一位文艺全才，散文各体几乎无所不精。传诵的名作如《前赤壁赋》《后赤壁赋》，为古代散体赋中的优秀代表作；小品文如《记承天寺夜游》，笔调清丽秀逸，观察细致入微；传记文如《方山子传》《郭忠恕画赞》，人物神采飞动，呼之欲出；议论文如《答谢民师书》《上梅直讲书》气象峥嵘，辞采英拔；史论如《留侯论》《晁错论》对历史人物的评论颇具卓见；策论如《决壅蔽》《教战守》揭露了政治弊端，提出了改革建议。

知识链接

唐宋八大家，又称为"唐宋散文八大家"，是唐代和宋代八位散文家的合称。这八位散文家分别为唐代韩愈、柳宗元和宋代欧阳修、苏洵、苏轼、苏辙、王安石、曾巩。韩愈、柳宗元是唐代古文运动的领袖，欧阳修、苏轼、苏辙、苏洵等四人是宋代古文运动的核心人物，王安石、曾巩是临川文学的代表人物。

唐宋八大家中，苏家父子兄弟有三人，人称"三苏"，又有"一门三学士"之誉。

（五）明清散文

明清时期是中国古代散文达到唐宋高峰之后继续探索革新的时期，主要表现为流派迭出、风格多样。其主要流派有台阁派、唐宋派、公安派、桐城派等，台阁派文风平正典雅，唐宋派文风平淡自然，公安派文风轻巧洒脱，桐城派文风柔澹雅洁。

明初，出现了一批具有较高社会意义和新鲜气息的作品，如宋濂的《秦士录》《送东阳马生序》，刘基的《卖柑者言》《郁离子》，高启的《书博鸡者》，等等。其中，宋濂是明朝的"开国文臣之首"。

明中期，以李梦阳、何景明为首的"前七子"发起复古运动，"倡言文必秦汉，诗必盛唐"，反对当时流行的粉饰太平、平庸空虚的台阁体。他们对扫荡八股文风起到了一定的积极作用，但他们的创作盲目模拟古人，缺乏创新精神，成就不大。以李攀龙、王世贞为首的"后七子"，文学观点与"前七子"相同，声势更大，形式主义也更严重。与"后七子"同时期的"唐宋派"，以唐顺之、茅坤、归有光为代表，力图纠正前后七子"文必秦汉"的弊病，推崇唐宋古文，继承南宋以来推尊韩愈、柳宗元、欧阳修、曾巩、王安石、苏轼等人古文的既成传统，又要求有"新精神"，反对字剽句窃，其创作以归有光成就最高。

主题二 艺以修身——文学与审美

人物小像

归有光（1507—1571，见图1-38），字熙甫，昆山人，世称震川先生，被时人称为"今之欧阳修"，后人称赞其散文为"明文第一"，与唐顺之、王慎中并称"嘉靖三大家"。他的著名作品有《项脊轩志》《先妣事略》等。《先妣事略》以白描手法记母亲一生，皆为琐细家务，言简意切，动人涕泪，风格清新别致；《项脊轩志》，围绕一座旧庭院，写景、叙事、抒情、议论，笔墨疏淡，感情真挚，自然亲切，娓娓动听。

图1-38 归有光

明后期，公安派与竟陵派在散文方面进行革新，出现了大量小品文，这些小品文体现了"独抒性灵，不拘格套"的创作理论。张岱是小品文作者中比较有成就的一位。他的小品文题材较广，山水名胜、风俗世情、戏曲技艺乃至古董玩具等都可以入文。他的散文语言清新活泼、形象生动，其名篇有《西湖七月半》《湖心亭看雪》等。此外，明后期著名的散文作者还有刘侗、于奕正、徐宏祖等。刘侗、于奕正合作的《帝京景物略》，记述了北京地区园林寺观、名胜古迹、岁时风俗，是体现竟陵派散文特点的代表作；徐弘祖的《徐霞客游记》，是兼具地理学价值和文学价值的名著。

清初，反映抗清斗争是优秀散文的共同主题。例如，夏完淳的《狱中上母书》表现了这位爱国青年视死如归的英雄气概和国破家亡的无限悲愤。侯方域的《李姬传》、邵长蘅的《阎典史传》等文章都曾产生过巨大的政治影响。

清中叶，出现了以方苞、刘大櫆、姚鼐为代表的著名散文流派——桐城派（因其主要作家方苞、刘大櫆、姚鼐都是安徽桐城人而得名），创作了一批好作品，对散文发展有一定推动作用。方苞继承归有光的传统，提出"义法"主张，并使之成为桐城派的基本理论，要求内容和形式相统一，代表作有《狱中杂记》《左忠毅公逸事》等。姚鼐是桐城派的集大成者，他提出文章须以"考据""词章"为手段阐明儒家的"义理"，并对我国古代散文文体加以总结、分类，代表作有《登泰山记》等。

清末，出现了散文改良派，以康有为、梁启超为代表作家。他们提出了"文界革命"的口号并积极践行，无视传统古文的程式，直抒己见，为白话文运动开辟了道路。这一时期的代表作品有梁启超的《少年中国说》《敬业与乐业》《论毅力》。

五、古代小说

中国古代小说从神话传说发展而来，不断吸收史传文学和寓言散文的艺术经验，逐渐走向成熟，并出现了文言小说和白话小说两支流派。它大致可分为汉魏六朝小说、唐人传奇、宋元话本、明清小说几个发展时期。

先秦时期的小说，不过是些琐屑言论和街谈巷语。汉魏六朝时期，小说仍处在形成的初期，出现了志人小说（汇集当时一些名人高士的言行琐事）和志怪小说（记叙鬼神怪异的传闻）。重要作品有《世说新语》《搜神记》等。

唐人传奇展示了一个丰富多彩、充满喜怒哀乐的人间凡俗世界。唐人传奇是对魏晋南北朝小说的继承和发展，不同之处在于：首先，它不再是封建正史的附庸，已经有了独立的文学意识，具备了小说体裁的必备要素，不但有人物、情节，而且有充分的叙述和描写；其次，它更多地面对现实，主要题材已经不是鬼神灵怪，主要角色已经不限于士族阶层，它既写帝王妃嫔、贵族官僚，也写文人举子、商贾艺人、豪侠义士、妓女优伶等。重要作品有《李娃传》《莺莺传》《霍小玉传》《柳毅传》《任氏传》《离魂记》等。

"话本"原是说话的底本，是一种与说话艺术有直接关系的白话小说。它与市民生活有密切的关系。宋元话本的名目很多，现存的可以分为小说话本和讲史话本两大类。重要作品有《错斩崔宁》《简帖和尚》等。

明代，在宋代已大大减色的文言传奇小说更加衰落，白话小说却在一步步走向成熟和繁荣。从体裁上来说，有长篇小说、中篇小说和短篇小说；从题材上来说，有历史演义小说、英雄传奇小说、神魔小说和人情小说。明代后期，白话短篇小说和中篇小说出现了繁荣的局面。重要作品有《三国演义》《水浒传》《西游记》《金瓶梅词话》及"三言""二拍"等。

清初至乾隆末年是中国古典小说的极盛时代，在数量和质量、内容和形式、风格和流派方面，都是前代不可比拟的。重要作品有《聊斋志异》《水浒后传》《隋唐演义》《说岳全传》《醒世姻缘传》《儒林外史》《红楼梦》等。

中国古代小说与西方小说有明显区别：一是在长篇小说的众多人物中，很少像西方小说中设定唯一的主角，像《水浒传》《三国演义》《西游记》等，都很难说谁是第一主角；二是中国小说不喜欢以悲剧结束，即使中间波折不断，最后也要给出一个皆大欢喜的结局，就连《红楼梦》这样伟大的现实主义作品，也给出了一个"兰桂齐芳"、家道复兴的结局。

知识名片

《三国演义》全名为《三国志通俗演义》，又称《三国志演义》，是我国文学史上第一部长篇章回体历史演义小说，也是第一部文人长篇小说，明清时期甚至有"第一才子书"之称。作者罗贯中（约1330—约1400，见图1-39），名本，字贯中，号湖海散人，元末明初人。《三国演义》是罗贯中在有关三国故事的宋元话本、戏曲和轶事传闻的基础上，依据晋代陈寿所著的《三国志》以及南朝宋人裴松之为《三国志》所作的注,所进行的加工再创作。《三国演义》可大致分为黄巾起义、董卓之乱、群雄逐鹿、三国鼎立、三国归晋五大部分,描写了从东汉末年到西晋初年近百年的历史风云,以描写战争为主;讲诉说了东汉末年的群雄割据混战和魏、蜀汉、吴三国之间的政治和军事斗争,最终司马炎一统三国,建立晋朝的故事;反映了三国时代各类社会斗争与矛盾的转化,并概括了这一时代的历史巨变,塑造了一群叱咤风云的三国英雄人物。

图1-39　罗贯中

图1-40　施耐庵

《水浒传》是中国古代小说中优秀的英雄传奇,也是后世长篇武侠小说的源头。作者施耐庵(1296—1370,见图1-40),名耳,又名肇瑞、彦瑞,字子安,号耐庵,或称"钱塘施耐庵",元末明初人。《水浒传》通过描写梁山好汉反抗欺压、水泊梁山壮大和受宋朝招安,以及受招安后为宋朝征战,最终消亡的宏大故事,艺术地反映了中国历史上宋江起义从发生、发展直至失败的全过程,深刻揭示了起义的社会根源,满腔热情地歌颂了起义英雄的反抗斗争和他们的社会理想,也具体揭示了起义失败的内在历史原因。

《西游记》是中国古代小说中优秀的神魔小说,达到了古代长篇浪漫主义小说的巅峰。作者吴承恩(约1500—1582,见图1-41),字汝忠,号射阳居士,又称射阳山人,明朝人。《西游记》主要讲述了孙悟空出世跟随菩提祖师学艺及大闹天宫后,遇见了唐僧、猪八戒、沙僧和白龙马,西行取经,一路上历经艰险,降妖除魔,经历了九九八十一难,终于到达西天见到如来佛祖,最终五圣成真的故事。该小说以"玄奘取经"这一历史事件为蓝本,经作者的艺术加工,深刻地描绘出明代百姓的社会生活状况。

图1-41　吴承恩

图1-42　曹雪芹

《红楼梦》是中国最伟大的古典长篇小说,作者曹雪芹(约1715—约1763,见图1-42),名霑,字梦阮,号雪芹,又号芹溪、芹圃,清朝人。《红楼梦》描写了一个贵族大家庭由盛而衰的变迁,围绕这个家庭中贾宝玉、林黛玉和薛宝钗的爱情婚姻悲剧,展现了一群青年女子的悲惨命运。全书写了数百个人物,情节复杂,但结构浑然天成,人物配置恰到好处,纵横脉络清晰贯通。《红楼梦》对封建社会末期生活的巨大概括力和精确表现力是无与伦比的，体现了中国古典小说的最高成就，是一部世界性的文学名著。

冯梦龙编纂的《古今小说》（又名《喻世明言》《警世通言》《醒世恒言》，总称"三言"）是宋元明三代短篇小说的选集，共搜集作品120篇，其中大部分是明代的作品。"三言"中写被压迫妇女的作品最为出色，如《杜十娘怒沉百宝箱》《卖油郎独占花魁》《玉堂春落难逢夫》等，真实地描写了被践踏的妇女的悲惨境遇以及她们在黑暗中对自由和幸福的向往与追求。"三言"中有些作品描写冷酷的等级社会中的友谊，如《俞伯牙摔琴哭知音》《施润泽滩阙遇友》等，还有些作品暴露了封建统治者的狰狞面目和无耻行为，如《沈小霞相会出师表》《卢太学诗酒傲王侯》《灌园叟晚逢仙女》等，题旨都达到一定的深度，具有鲜明的特色。

凌濛初创作的《初刻拍案惊奇》和《二刻拍案惊奇》总称"二拍"。凌濛初生活在明末阶级斗争十分尖锐的时期，看到了明朝统治的腐朽和社会的种种弊端，因而在小说中较多地触及社会问题。

思考与实践

在古代中国，诗词曲赋可以说是那个时代的大众流行文化。"诗言志，歌咏言，声依永，律和声"，古典诗词和音律紧密结合，具有独特的音韵美。现代流行文化与古典诗词的结合也是时下很多文艺工作者的兴致所在，出现了许多中国风的歌曲、戏腔，甚至出现了相关的电视节目，如《经典咏流传》《中国唱诗班》等，许多古诗词被配乐改编成歌曲，在新时代焕发出新的光彩，如《相思》《如梦令》《观沧海》《竹石》《水调歌头·明月几时有》《菩萨蛮（小山重叠金明灭）》《琵琶行》《定风波》等。

（1）歌唱比赛：搜集喜欢的古诗词歌曲或者中国风歌曲，举办一次班级歌唱比赛，展示才艺，感受中国传统文化意境和魅力。

（2）创作比赛：选取自己喜欢的古诗词，试将其改为流行歌曲的歌词，并在班级展示。

（3）经典诵读：根据自己的喜好，选择诸子百家经典作品片段或古诗词进行诵读，注意体会古人的情感，读出文章的意蕴。

（4）剧本改编：选择自己感兴趣的古代小说章节，将其改变为剧本并表演，体会作品的深刻含义，探究其对现代社会的启示。

主题二　艺以修身——文学与审美

翰墨丹青　中国传统书法与绘画

中国传统书法与绘画是中国优秀传统文化的一个重要分支，它虽然是独立的，却从未游离于文化之外，它承载着中华传统的文化精神和哲学思考。中国传统书法与绘画艺术的文化精神与中国传统的儒、道、释思想一致，儒家的"仁爱""和谐"与中国书画家所要求的人格魅力、作品意韵相一致；道教的"天人合一""顺其自然"的思想也正是中国山水画中所特有的自然、清淡的气息；禅宗的"静虑""本我"与庄子"天人合一"的思维方式和审美境界基本一致，对中国书画写意性的艺术观产生了直接而巨大的影响。中国书法和绘画求气韵，讲笔墨，重境界，具有独立于世界艺术之林的美学观念、创作手段与技法形式。

一、龙飞凤舞的中国传统书法

中国书法是一门非常独特的艺术，它以毛笔为书写工具，以汉字为造型基础，以点画线条为表现手段，以笔法、结体、章法为基本要素，以抒情写意为内在灵魂。它像音乐一样，具有生动的节奏和韵律；像舞蹈一样，千姿百态、飞舞跳跃（被称为"纸上的舞蹈"）；像建筑一样，具有丰富的形体和造型；像绘画一样，追求气韵生动、形神合一；具有运动之美、力量之美和意境之美。

（一）中国传统书法发展的关键期

中国书法是一门古老的关于汉字书写的艺术。如何使汉字艺术化，是历代书法家孜孜以求的终极目标。它从甲骨文、石鼓文、金文（钟鼎文）演变为大篆、小篆、隶书，至定型于东汉、魏、晋的草书、楷书、行书等，一直散发着艺术的魅力，即使在现代社会依然保持着旺盛的生命力。

在中国传统书法的发展历程中，有三个关键的发展期，即汉、魏晋、唐。

1. 隶书盛行的汉代

隶书（见图1-43）从秦代就已开始使用，盛行于汉代，在汉代成为官方指定的标准字体，最终定型。汉隶的特点是蚕头雁尾，一波三折，风格多样。

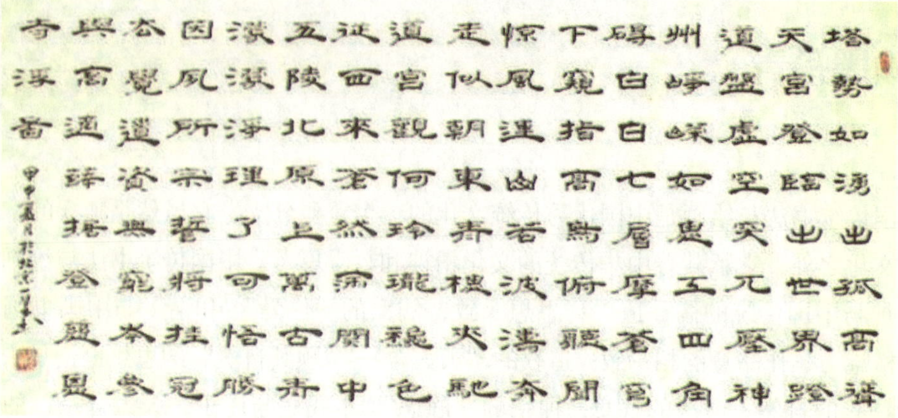

图 1-43 隶书书法作品

隶书定型后，又逐渐演变出草书，而后又出现了章草、行书、楷书等，基本上所有的字体都在这一阶段出现了，最终形成"隶书盛行、诸体皆备"的盛大局面。

知识链接

甲骨文是殷人在占卜时写在兽骨或龟甲上的文字，又称殷墟文字，可说是中国最早的艺术文字，距今已有三四千年历史。由于龟甲形状的限制，甲骨文多纵向排列，单字也呈纵长取势，刀意往往劲健利落。

商周时期，我国的冶炼业高度发达，青铜器皿上常常铸有文字，被称为金文（见图 1-44），属于大篆字体。当时的青铜器种类繁多，乐器以钟为代表，食器以鼎为代表，所以金文又称钟鼎文。金文由甲骨文演变而来，早期类似甲骨文，常依字赋形，时有活泼灵气；中期点画圆劲，有雍容庄严的庙堂之风；周朝晚期，各诸侯国势力渐强，金文风格也开始分化，毛公鼎、虢季子白盘等上的金文各有风情，跟前期比较起来，字势相近，字体紧密，字形方阔，极为优美。金文开创了书法艺术中"金石气息"的渊源。

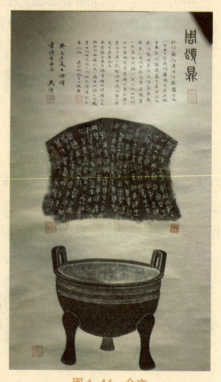

图 1-44 金文

秦汉时期，大篆改创小篆，大篆、小篆又简化成隶书。

2. 承上启下的魏晋

魏晋时期，各种字体相互影响、共同发展，书法成为一门自觉的艺术。这一时期，楷书、草书和行书等各种字体演变完成。楷书字体端正，易于辨认，行书、草书书写便捷，节奏流畅，都是人们喜爱的书法形式。

这一时期还出现了一批著名的书法家，如钟繇（见图1-45），他在汉隶向楷书、行书的转变中起到了重要作用，卫夫人和王氏家族都深受其影响；王羲之（见图1-46）融会贯通了楷书、行书、今草三种字体，脱去以往重滞的笔法，其雄俊飘逸的风格、精美的笔法奠定了后世书法的基础。王献之继承发扬了父亲的书法艺术，其书法神骏超逸，达到了晋朝书法新的高峰。其中，钟繇被称为"楷书鼻祖"，王羲之被称为"书圣"。

图1-45 钟繇及其楷书作品　　　　　　　图1-46 王羲之

钟繇和"二王"（王羲之、王献之）树立了楷书、行书和草书美的典范，我国书法技法体系基本成熟。后世虽有丰富和创新，但没有突破这一体系。

3. 名家辈出的唐代

中国传统书法在唐朝达到第二个高峰。唐朝是我国历史上国力极盛的王朝，政治清明，经济发达，文化事业空前繁盛，统治者大力提倡书法，书法被指定为学校中的学习科目，在科举考试中也非常重要。所以唐代书法名家辈出，初唐有虞世南、欧阳询、褚遂良、薛稷四大书法家，他们并称为"楷书四大家"，一扫前代柔靡之气，代之以意气风发的昂扬气概；稍后又有李邕、张旭、颜真卿、柳公权、怀素等，他们将楷书发展到完美阶段。唐朝草书也极其繁荣，张旭和怀素的狂草纵肆奔腾，是唐朝精神的典型体现。

（二）名家及名帖

中国传统书法源远流长，名家辈出、名帖众多，按时间顺序择要介绍如下。

商周时期：散氏盘铭文、戍嗣子鼎铭文、大盂鼎铭文、毛公鼎铭文、虢季子白盘铭文、石鼓文、公乘得守丘刻石文。

秦汉时期：李斯的泰山刻石文，张芝的《冠军帖》《二月八日帖》《秋凉平善帖》，蔡邕的《熹平石经》。碑帖如《曹全碑》《张景碑》《张迁碑》《乙瑛碑》《礼器碑》等。

魏晋时期：钟繇的《荐季直表》《宣示表》《力命表》，王羲之的《快雪时晴帖》《奉橘帖》《丧乱帖》《十七帖》《月半帖》《孝女曹娥碑》《大唐三藏圣教序》《兰亭集序》，王献之的《洛神赋十三行》《鸭头丸帖》《中秋帖》等。

知识链接

《兰亭集序》（见图1-47）是王羲之为一本诗集所作的序言，诗集本身籍籍无名，但序言却流传千古。据说王羲之当时和朋友们在一起饮酒赋诗，酒意正浓时挥笔写下了这篇序言，翌日酒醒，自己也为这幅作品感到惊讶。后来他又多次重写，但总不如第一次那样令人满意。

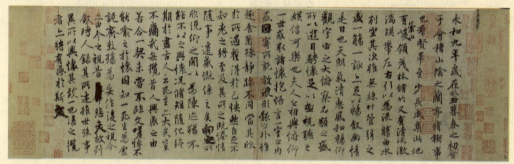

图1-47　王羲之的《兰亭集序》

《兰亭集序》被誉为"天下第一行书"，从结字看，这幅作品的字体变化多端，光"之"字就出现20多次，但字字不同；从章法看，纵看有行，横看无列，每个字大小不一，但又长短相配，错落有致；从意境看，可谓一气呵成，气韵流荡，显示出飘逸不群的气质。王羲之把写喜抒悲之气贯穿于整幅作品，似乎已不是在写字，而是在画心，使观者得"意"而忘"形"。

隋唐时期：李白的《上阳台帖》，欧阳询的《九成宫醴泉铭》《皇甫诞碑》《仲尼梦奠帖》《化度寺碑》《行书千字文》《兰亭记》（见图1-48），颜真卿的《颜勤礼碑》《多宝塔碑》《麻姑仙坛记》《祭侄文稿》《大唐中兴颂》《颜氏家庙碑》《自书告身帖》《湖州帖》，褚遂良的《雁塔圣教序》《枯树赋》《房玄龄碑》《孟法师碑》，柳公权的《玄秘塔碑》《神策军碑》《大唐回元观钟楼铭》，虞世南的《孔子庙堂碑》《破邪论序》，张旭的《古诗四帖》《肚痛帖》《终年帖》，怀素的《小草千字文》《自叙帖》《苦笋帖》，等等。

主题二　艺以修身——文学与审美

图 1-48　欧阳询的《兰亭记》

知识链接

唐代颜真卿独创的楷书被称为"颜体"。中国人刚开始学习书法，很多都是从颜体开始的，因为它通俗易学，人人皆可模仿练习。颜真卿把篆隶笔法用于楷书，其作品横画较为细瘦，点竖撇捺肥壮，颜体显得浑厚刚健，方正庄严，表现出一种迥然相异的美。代表作《颜氏家庙碑》（见图 1-49）"刚中含柔，方中有圆，直中有曲，确乎达到美的极致"。颜字向来与杜诗韩文并列，其共同之处是追求形式与内容的统一，树立了供人们学习和效仿的典范。

图 1-49　《颜氏家庙碑》

宋辽金时期：苏轼的《黄州寒食诗帖》（图 1-50）、《避近帖》、《治平帖》，黄庭坚的《诸上座草书卷》《自书松风阁诗卷》，米芾的《蜀素帖》《多景楼诗》《虹县诗帖》《拜中岳命帖》，蔡襄的《郊燔帖》《万安桥石碑》，赵佶的《小楷书千字文》《题欧阳询张翰帖后跋》。

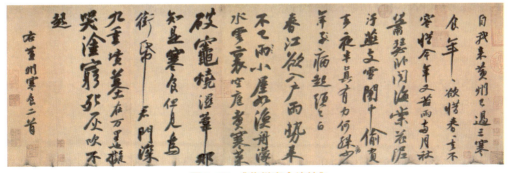

图 1-50　《黄州寒食诗帖》

69

元明清时期：赵孟頫的《胆巴碑》《洛神赋》《道德经》《玄妙观重修三门记》《四体千字文》，鲜于枢的《苏轼海棠诗卷》，董其昌的《潇路马湖记》《白羽扇赋》《杜甫醉歌行诗》，祝允明的《箜篌引》《致元和手札》，邓如石的《沧海日长联》，吴昌硕的《临石鼓文》；郑板桥的《金农诗横幅》，傅山的《七言诗册页》。

（三）书法的审美特征

书法作为一种艺术门类，既体现艺术的共性，又有自己独特的审美特征。它作为艺术的一般形式，像音乐一样，具有生动的节奏和韵律；像舞蹈一样，千姿百态、飞舞跳跃；像建筑一样，具有丰富的形体和造型；像绘画一样，追求气韵生动，形神合一。具体来说，书法具有运动之美、力量之美、意境之美等审美特征。

1. 运动之美

书法作品虽然是静态的，但是书写过程却是动态的。汉字的书写过程极为独特，具有不可重复性。一幅优秀的书法作品，连作者本人也无法完美复制，这一点与音乐和舞蹈类似。当观赏者凝神细观，就可以从静态的作品中发现运动的轨迹，感受到纸上运动的节奏变化。也就是说，优秀的书法作品本身可以给人运动之感。

2. 力量之美

古人非常重视"笔力"，强调书法要有力量之美。所谓"笔力"，是指从字的点画形态中体现出来的力。运笔起势时，必须力在其中。例如，起笔要注意"逆"，欲右先左，欲下先上，这样就可以使笔画充满力量感，甚至能够做到"力透纸背"，让观者在凝固的字形中领略到"活生生的、流动的、富有生命暗示和表现力量的美"。

3. 意境之美

中国的书法艺术具有"情景交融"的意境之美。中国书法既状物又抒情：一方面，书法以抽象的线条反映着自然界的各种形象，常常引起人们种种具体的联想；另一方面，书法又是创作者内心情感的流露，"通过结构的疏密、点画的轻重、行笔的缓急，表现作者对形象的情感，发抒自己的意境"。书法家当时的情绪和状态总能在笔墨间留下痕迹，书法中的笔墨线条和布局章法既反映了自然界物象之美，又是创作者情感的自然流露。

二、气韵生动的中国传统绘画

中国传统绘画泛称中国画，是中国的国粹之一。中国画主要指的是用毛笔蘸水、墨、彩，按照长期形成的传统绘画技法创作于绢、宣纸、帛上并加以装裱的绘画，具有以形传神、游目会心、托物言志等美学特征。

中国画经过数千年的发展变革，以借物咏怀作为展现民族文化思想与审美观念的理论基础，在创作实践中积累了丰富的经验，造就了精工细丽的"工笔"与洒脱洗练的"写意"两大样式,更有纯以色彩绘成的"没骨"、运墨而五色俱的"水墨"以及洗尽铅华的"白描",可谓悠情远思、千姿百态,在世界艺坛独树一帜。

(一)中国画的发展历程

中国画的起源可以追溯到遥远的史前时期。据考古发现,最早可能在新石器时期,黄河流域、长江流域甚至黑龙江流域、珠江流域的原始人就留下了他们创造的艺术品,如岩壁上的岩画、陶器上的花纹等。

岩画(见图1-51),即在岩石表面涂上颜料或凿刻创作绘画。中国的古岩画遍及全国各地,主要可分为南北两个系统,风格各异。

南系主要分布在广西、四川、云南、贵州、福建等地,战国至东汉期间的岩画均有大量发现,大都以铁矿粉调和血液制作红色颜料,鲜艳的红色经久不变。北系主要分布在阴山、黑山、阿尔泰山等地,大都是用尖利物品在岩石上刻画的,创作时间从远古直到元朝。

图1-51 岩画

中国岩画画人物大都只通过四肢表现动作、体态,画动物也仅重点刻画出特征部位,既反映了远古中国人精细的观察能力和高超的概括能力,又营造了一种天真而粗犷的稚拙之美。

图1-52 鹳鱼石斧图彩陶缸

我国的陶器在世界文化史上占有重要的地位,陶器上的绘画纹饰多姿多彩(见图1-52),以线条刻画和颜色填充为基本手段,为后来的中国传统绘画开创了道路。

战国时期,大型建筑物似乎普遍采用壁画作为装饰。楚国的先王庙宇及祠堂里就绘有规模宏大、内容丰富的壁画。

秦汉时期,我国已成为一个统一强盛的多民族封建国家。秦朝初年,国力强盛,府库充盈,绘画艺术在继承战国时期绘画传统的基础上,有了明显的发展;西汉末年,佛教已经开始传入我国,宗教题材的绘画艺术逐渐兴起。

三国两晋南北朝时期是中国绘画发展的重要转变时期,开始有了比较明确的分类,随着佛教的流行,产生了大量宣传教义的宗教壁画,石窟艺术大兴,其中重要的代表有新疆克孜尔石窟、甘肃麦积山石窟和莫高窟。另外,以文学为题材的绘画逐渐兴起,人物肖像画为这个时期杰出的代表。

知识链接

莫高窟是我国古代规模最大、内容最丰富的石窟群,俗称千佛洞。据记载,莫高窟是在东晋时期前秦建元二年(366)开始建造的。以后经北魏、北周、隋、唐、五代、宋、西夏、元等朝代的不断修建,共开凿了千余洞窟。

莫高窟最重要的艺术表现是大量的壁画,这些壁画的内容大体分佛像(见图1-53)、佛教故事、中国传统神话、供养人、装饰纹样和建筑图等种类。

图1-53 莫高窟菩萨图(局部)

隋唐是我国绘画艺术发展的一个高峰,继承和发扬了我国民族绘画艺术的成就,并融合了外来的艺术。唐朝人物画发展到了顶峰,也开始了文人墨戏的先河。

宋元的花鸟画达到顶峰,山水画成就突出,注重抒发情致的文人画发展成为新的艺术潮流。

明末清初,绘画风格从明中叶的工整细丽转为直抒胸臆,朱耷、石涛等画家用奇特的画面表达着内心强烈的悲愤之感。乾嘉年间的"扬州八怪"(一般指金农、郑燮、黄慎、李鱓、李方膺、汪士慎、罗聘、高翔)个人风格突出,注重笔墨情趣,把中国绘画推向了一个近代新阶段。

(二)中国画的艺术特色

中国的传统绘画根植于中华民族深厚的文化土壤,经过历代不断革新变异,形成了融会整个中华民族独特的文化素养、哲学观念、审美意识、美学思想和思维方式的完整的艺术体系,有着独特的中国作风和中国气魄,具有鲜明的艺术特色。

1. 散点透视的造型观

透视是绘画的术语,就是在作画的时候,把一切物体正确地在平面上表现出来,使之有远近高低的空间感和立体感。中国画不一定固定在一个立脚点作画,也不受固定视域的局限,它可以根据画者的感受和需要,使立脚点移动作画,把见得到的和见不到的景物统统摄入自己的画面。这种透视的方法,叫作散点透视或多点透视。

主题二　艺以修身——文学与审美

> **小组活动**
>
> 　　在网上查阅资料，了解我国的绘画名作，分析哪些作品明显地使用了"散点透视"，使用散点透视有什么优点，体会我国古代画家们的匠心独运。

2. "计白当黑"的构图形式

　　中国画的一大特点就是在画面整体构成中利用空白。之所以将这种空白称为"计白当黑"，就是因为空白的运用是"置陈布势"与"布局"的一个重要组成部分，是形式与内容融为一体的意象形态。

　　中国画构图的布白，有实布，也有虚布。中国画中的实布是利用观者的心理共鸣所产生的形象对应，使空白变得有形有物。观者既可欣赏画面的空灵境界，又可产生具象的联想，从而使空白转虚为实。另一种实布是依形取意，以白显形。它是在有笔有形中空出来的白，为了布白的需要，甚至改变形象，使之适应布白。中国画中的虚布乃无象之象，它与布置物象的实布是一种辩证的虚实对应关系，实从白现，白依实存。中国画空白的虚布是为了在虚灵的空间中突出地、集中地、更好地表现画中物象。空白所产生的虚灵使画中景物的刻画更到位，从而使得"真境逼而神境生"。大面积的空白，使"实景清而真景现"，更能给画中物象的表现提供充裕的空间。

> **小组活动**
>
> 　　清代石涛的《淮扬洁秋图》对"计白当黑"的运用非常巧妙，请在网上搜索该作图片，利用上文对"计白当黑"的介绍对该画作进行分析。

3. 笔墨观

　　如何运用笔墨对中国画的造型极为重要。用笔讲求粗细、疾徐、顿挫、转折、方圆等变化，以表现物体的质感。一般说来，中国画的用墨之妙，在于浓淡相生，全浓全淡都没有精神，必须有浓有淡，浓处须精彩而不滞，淡处须灵秀而不晦。

4. 以诗入画的意境追求

意境的创造是绘画的灵魂，意境的有无常常是衡量一幅作品优劣的标准。意境是绘画基本要素的综合反映，是由作品的构成方式予以营造，并通过作品直接呈现的。它所创造的是凭借绘画中匠心独运的艺术手法所熔铸而成的情景交融、物我贯通，能深刻表现宇宙生机或人生真谛，从而使审美主体超越感性物象，进入无比广袤的艺术空间的化境。诗画一致，是中国画意境创造的最高境界，也是在本质上对中国文化的认同与把握。

> **思 考**
>
> 为什么说"诗画一致，是中国画意境创造的最高境界，也是在本质上对中国文化的认同与把握"？

（三）中国画的分类

按照不同的分类标准，中国画可以分成不同的类型。根据表现方式，可以分为工笔画和写意画；根据表现题材，可以分为人物画、花鸟画和山水画；根据特定用途及审美情趣，可以分为宫廷绘画、文人绘画、宗教绘画、市民绘画和民间绘画。我们主要介绍人物画、花鸟画和山水画。

1. 人物画

人物画是中国画中的一大画科，是发展与成熟最早的画科，大体分为帝王画、仕女画、僧道画等。

从特点上看，人物画力求人物个性刻画得逼真传神，气韵生动、形神兼备，常把对人物性格的表现寓于环境、气氛、身段和动态的渲染之中，即"传神"。人物画从汉朝的简朴、稚拙发展为三国两晋南北朝时期的"迹简意澹而雅正"、唐朝的"焕烂而求备"，并向"细密精致而臻丽"的方向发展。

从发展历程上看，人物画萌芽于先秦时期，秦汉时期初步繁荣，以历史、现实或神话人物故事和人物活动为题材的作品大量涌现。

魏晋时期思想解放，佛教传入，玄学风行，人物画由略而精、日趋成熟，宗教画尤为兴盛，出现了以顾恺之为代表的第一批人物画大师，也出现了以《魏晋胜流画赞》《论画》为代表的第一批人物画论，奠立了中国人物画的重要理论基础。

隋唐时期是中国人物画发展的重要时期，盛唐吴道子将人物宗教画推到更富于表现力，也更生动感人的新境地。

宋代是中国人物画深入发展的时期。随着宫廷画院的兴办，工笔重彩着色人物画更趋

主题二 艺以修身——文学与审美

精美，又随着文人画的兴起，民间稿本被李公麟确立为一种被称为白描的绘画样式。

元明清以来，虽较多的文人画家转而致力于山水画与花鸟画创作，但那些接触民生、关心国事、接受了萌芽状态的反封建意识的文人或职业画家仍创作了很多优秀的人物画。

2. 花鸟画

专门描写花鸟题材的绘画在魏晋时已经出现，唐代花鸟画独立成科。五代的花鸟画主要集中在最早成立宫廷画院的西蜀和南唐，产生了风格相异的两大流派：一派以富丽堂皇、工整细腻著称，以黄荃、黄居寀父子为代表；另一派以野情逸趣享名。北宋初期画风与西蜀画风接近，到了中叶发生变化，出现半工半写、写意等风格，后形成院体派，写意一路受山水影响，出现"文人画"的雏形；南宋打破了北宋的"黄氏体制"，表现形式开始多样，没骨、点染、淡彩、水墨等各显其能。元代花鸟画不再以工丽堂皇为审美标准，而是追求清淡写意、"以素净为贵"，常常借物抒情，"聊以写胸中逸气"，总的倾向由重"写实"转向重"写意"。明代有一种观点认为"人巧不敌天真"，工笔不如写意。清代花鸟画勃兴，名家辈出，风格多样，各放异彩。

3. 山水画

山水画是以山川等自然景观为主要描绘对象的中国画，是最能体现中国文化与艺术精神的一种艺术形式。

山水画传统上按画法风格分为青绿山水、金碧山水、水墨山水、浅绛山水、小青绿山水、没骨山水等。

中国的山水画是画家精神的诉求与流露，是画家人生态度的表达和人生追求的体现，是中华民族审美情操的理想化产物。

（四）名家及作品

1. 顾恺之

顾恺之（348—409），字长康，小字虎头，晋陵无锡（今江苏无锡）人，东晋著名画家、绘画理论家。代表作为《女史箴图》和《洛神赋图》（见图1-54）。其中，《女史箴图》通过对宫中贵族妇女生活的描绘，展现了她们的神采；《洛神赋图》则是据曹植的《洛神赋》而画的，创造了人神相恋的梦幻境界。

顾恺之注重表现人物的精神面貌，尤其重视眼神的描绘，善于以绘画艺术的语言，刻画对象的心理特征和精神风貌；注重用线来造型，线条连绵不断有节奏感，线的力度略有控制，将自战国以来的"高古游丝描"发展到"春蚕吐丝""春云浮空、流水行云"的完美无缺的境地。

图 1-54 《洛神赋图》（局部）

2. 吴道子

吴道子（约 680—759），又名道玄，唐代著名画家，画史尊称画圣。吴道子的人物画形象鲜明，将运用线条的方法发挥到了极高境界。其《送子天王图》（见图 1-55）人物服饰的线条勾勒有轻重、缓急、粗细、快慢的变化，有"吴带当风"之说。吴道子创造了笔简意远的山水"疏体"，使山水画成为独立画种，从而结束了山水作为人物、宫观背景的附庸地位。

图 1-55 《送子天王图》

3. 阎立本

阎立本（约 601—673），雍州万年（今陕西西安市临潼区）人，唐朝著名画家。代表作有《历代帝王图》《步辇图》（见图 1-56）等。他的人物画多取材于历史事件和人物，用于鉴戒贤愚、弘扬治国安邦之大业。阎立本的线描画面部细劲圆润，画衣物简练粗重，注重根据不同的对象使用不同的线条，设色也较前代更浓重。阎立本将人物画向盛唐的"焕烂而求备"推进了一步，是一位承上启下的画家。

图 1-56 《步辇图》

4. 张择端

张择端（约 1085—1145），字正道，又字文友，东武（今山东诸城）人，北宋著名画家。代表作《清明上河图》（见图 1-57）等。张择端擅长画建筑、车船等风俗题材。张择端对于城市"市井细民"的生活具有深厚的感情和广泛、精到的了解，因此《清明上河图》内容非常丰富，高度还原了现实，艺术表现生动真切，具有高度历史文献价值，是我国古代绘画史上不朽的作品。

图 1-57 《清明上河图》（局部）

5. 展子虔

展子虔，生卒年不详，渤海（今山东阳信）人，隋代著名画家。代表作《游春图》（见图1-58）。《游春图》是我国现存最古老的山水画卷，描绘了达官贵人春季郊野踏青游乐的场景，以山水为主体、人物为点景，配以殿阁舟桥，恰当地表现了客观物体之远近、高低、大小及空间透视关系，有"远近山川，咫尺千里"的效果，为我国山水画的划时代创造，后人视其为"开青绿山水之源"。

图1-58 《游春图》

6. 八大山人

八大山人原名朱耷（1626—约1705），字刃庵，是明太祖之子朱权的九世孙，明亡后遁迹空门，出家时释名传綮，江西南昌人，明末清初画家。代表作有《佛手图》《孔雀牡丹图》《鸭图》（见图1-59）等。中国画一代宗师八大山人集众家笔墨之大成，并将中国绘画艺术推向高度净化、简括、夸张、变形的水墨写意新阶段，在立意、形象、造型、布局、笔墨以至"诗书画一体"上均有突破。其花鸟画成就异常突出，达到水墨大写意花鸟画的空前水平。

图1-59 《鸭图》

主题二 艺以修身——文学与审美

思考与实践

中国书画历史源远流长,有着辉煌灿烂的艺术成就和独特的审美造型方式,自古以来名家名品众多。请选择自己喜欢的书法或绘画作品,了解其创作背景、艺术手法及寄托的情感,将其制作成PPT向全班同学推介、赏析。

高山流水　中国传统音乐

中华民族在几千年的历史长河中,创造了丰富的音乐文化。中国音乐曾经对中国周边地区的音乐产生了深远的影响。

一、中国传统音乐的主要特点

中国传统音乐的味道、意境幽远,内涵博大精深,在舒缓中隐含激情,在平淡中渗透真挚。

1. 旋律与和声

中国传统音乐虽然在很早就已经掌握七声音阶,但一直偏好比较和谐的五声音阶,致力于在五声中发展音乐,同时将重心放在追求旋律、节奏的变化上,轻视和声的作用。中国古典音乐好像是用线条画出的中国画,如果没有轮廓(旋律)则不成其为音乐,但和声却是可有可无的。

2. 场面与气势

中国传统音乐似感情流露,委婉缠绵、细水长流,很多是独奏或者"琴瑟合奏""琴箫合奏",场面虽不大,但却可以让欣赏者仔细品味、得以慧悟,如同知己之间的交流、密闺之中的私话。

3. 听觉与领会

中国传统音乐是心灵的艺术,讲究天人合一,你中有我,我中有你,静心凝听韵味幽然而来,透过感官直达心底,在心灵深处回旋、激荡,微妙含蓄、意味深长而难以言表。

小组活动

小组合作，通过网络搜索、查阅书籍、探访名人等方式，了解中国传统音乐的主要乐器，如骨哨、埙、钟、鼓、铃、小笙、大笙、三弦、琴、月琴、笛、箫、琵琶、唢呐、古筝、二胡等，分析其发展现状，试为其传承发展定制"药方"。

二、中国传统音乐名曲

1.《高山流水》

《高山流水》取材于"伯牙鼓琴遇知音"，是中国十大古典名曲之一。

《高山流水》有多重谱本，其中，琴曲和筝曲流传较为广泛。二者虽然同名，但风格却完全不同。琴曲《高山流水》现存传谱初见于《神奇秘谱》，《天闻阁琴谱》所载《流水》为清代四川琴人张孔山的传谱，以七十二滚拂描写流水奔腾澎湃之状，故又名《七十二滚拂流水》，流传较广。1977年8月22日，古琴曲《高山流水》被收入金唱片中发射到太空。

筝曲《高山流水》有多种流派谱本，流传最广、影响最大的是浙江武林派的传谱。其旋律典雅，韵味隽永，颇有"高山之巍巍，流水之洋洋"的风貌。而山东派的《高山流水》是《琴韵》《风摆翠竹》《夜静銮铃》《书韵》四个小曲的联奏，也称《四段曲》或《四段锦》。至于河南派的《高山流水》，则是取自民间《老六板》的板头曲，节奏清新明快，民间艺人为表尊敬结交之意，多在初次见面时演奏。

2.《广陵散》

《广陵散》又名《广陵止息》，全曲分小序、大序、正声、乱声、后序五大部，连开指共四十五段，为篇幅最长的琴曲之一。现存传谱最早见于《神奇秘谱》。

一般认为，该曲取自聂政为韩国大臣严仲子刺杀韩相的故事，体现了"士为知己者死"的情操，《战国策》《史记》和《琴操》中皆有相关记载。

三国曹魏时嵇康以善弹此曲著称。据《晋书》记载，嵇康因不满当时专政的司马氏而被害，临刑前曾索琴弹奏此曲。

3.《十面埋伏》

《十面埋伏》为琵琶大曲，又名《淮阴平楚》，明代后期已在民间流传。

乐谱初见于华秋苹《琵琶谱》，各传谱分段不一，标题也互有出入，通常分为十八段，为叙事性多段体结构。内容描写汉刘邦与楚项羽垓下之战，运用琵琶特有的技巧描绘古代的战争场面，表现千军万马冲锋陷阵之势，颇为生动。

《十面埋伏》以单个乐器的独奏表现出了波澜壮阔的史诗级壮观场面，震撼人心，将琵琶表演艺术发挥到了登峰造极的境界。

4.《渔樵问答》

《渔樵问答》为汉代名曲，曲谱最早见于明萧鸾郎辑的《杏庄太音续谱》，传谱以《琴学入门》本较为流行。

乐曲采取了对答的方式，上升的曲调表示问句，下降的曲调表示答句，通过渔夫与樵夫的对话，展现出青山绿水间自得其乐的情趣。格调飘逸洒脱，有隐逸色彩。古往今来的兴亡得失，被渔樵的对话解构于无形，优美清逸。

5.《梅花三弄》

《梅花三弄》，又名《梅花引》《梅花曲》《玉妃引》，存谱初见于《神奇秘谱》。该谱称此曲系晋朝桓伊为王徽之所奏的笛曲，后人将其改编为琴曲。曲中泛音曲调在不同徽位上出现三次，即取泛音三段，异徽同弦，故称"三弄"。

《梅花三弄》内容历代曲谱皆有介绍。南朝至唐代的《梅花落》抒写了怨愁离绪的情感。明清琴曲多写傲霜雪的梅花，借物抒怀，以歌颂高洁不屈的节操高尚之人。

6.《阳春白雪》

《阳春白雪》相传是春秋时期晋国的师旷或齐国的刘涓子所作的古曲，表现的是冬去春来，大地复苏，万物欣欣向荣的初春美景。旋律清新流畅，节奏轻松明快。后世琴谱分为《阳春》和《白雪》两曲，最早见于《神奇秘谱》。

《阳春白雪》流传有《大阳春》和《小阳春》两种不同的版本，《大阳春》指李芳园、沈浩初整理的十段、十二段乐曲；《小阳春》为汪昱庭所传，又称《快板阳春》。

7.《胡笳十八拍》

《胡笳十八拍》一为乐府琴曲歌辞，一为琴曲。

乐府琴曲歌辞，相传为东汉蔡琰（字文姬）所作，反映的主题是"文姬归汉"。共分十八章，一章为一拍，故名。

琴曲相传词曲均为东汉末年蔡琰所作。乐谱初见于《神奇秘谱》，分《小胡笳》（六段）、《大胡笳》（十八段）二曲，无词。

拓展阅读

中国音乐是与当时的礼法制度相结合的产物，其发展也是与礼法系统的发展相互契合，这是我们在了解中国古典音乐时不可或缺的独特视角。

"很难想象，公元前770年，曾国就已经有了编制这么宏大的编钟！"近日，湖北省文物考古研究所与荆州市文物保护研究中心、枣阳市博物馆、枣阳市考古队、襄阳市文物考古研究所等多家单位组成联合考古队对湖北枣阳郭家庙曾国墓地进行了抢救性发掘,发现了一处春秋早期大型乐舞遗存,这是我国目前所知最早的乐舞遗存,填补了从西周早期到战国早期近500年间大型乐舞发展史的空白,进一步证明曾国是周代礼乐文明的正统代表。

这处乐舞遗存位于郭家庙曾国墓地曹门湾墓区一号墓内。墓室北部分布着彩漆木雕大型编钟架和编磬架。这批钟、磬架包括长短不等的梁,以及立柱和底座。其中钟梁最长者约4.5米,两端圆雕龙首,通体彩饰变形龙凤纹。底座大小两对四件,均腐蚀严重,其中较大者为圆雕凤首,局部彩绘垂鳞纹,形象生动饱满。在墓室西北角,发现石质编磬,均腐蚀严重。大型编钟已被盗,从遗留痕迹可以看出,编钟的整体规模与400余年后的九连墩1号楚墓的情形相当。

遗存中还发现了乐器瑟的漆木残件,现场能看到完整的弦痕和断断续续的琴弦。湖北省文物考古研究所所长方勤告诉记者,这是我国目前所发现的最早的瑟,距今有2 700多年的历史。

6日晚,考古队又从郭家庙墓地中发掘出一个建鼓立杆。立杆长约3.36米,比曾侯乙墓出土的建鼓立杆仅仅短了0.29米。加上之前出土的编钟架、编磬架、瑟等,郭家庙墓地乐弦设置的规格,充分说明其主人应该是一个诸侯国王。

此前,湖北随州叶家山111号墓出土了西周早期5件套的编钟,是迄今最早的大型成套编钟。"礼乐制度是一个逐步完善的过程。叶家山编钟是礼乐制度滥觞期的代表。那个时候礼乐制度刚开始形成。从叶家山到曾侯乙,周代礼乐发展到一个极盛的地步。郭家庙墓地出土的乐器群恰恰填补了这中间500年的空白。从中我们可以基本了解周代礼乐的发展脉络。"湖北省文物考古所副研究员张翔说,虽然在随州、湖南、河南等地,也曾发现过同一时间的乐器,但是其等级都较低。而郭家庙墓地,与叶家山、曾侯乙一样,都是诸侯国王级别。"对相同级别墓葬乐弦设置的比较,才能理清礼乐制度的发展过程。"(节选自夏静、张晶《礼乐声声诉说曾国历史》,《光明日报》2015年1月9日第7版,有删节)

思考与实践

随着国家大力宣传和弘扬传统文化,中国传统音乐也逐渐走进了人们的视野,受到越来越多人的喜爱,中国风歌曲、音乐层出不穷,传统乐器演奏的流行歌曲也别具风味。请选择自己喜欢的中国风歌曲、音乐及传统音乐,反复欣赏,比较其异同,分析传统音乐独特的表现手法与意境。

主题二 艺以修身——文学与审美

雕梁画栋 中国传统建筑与雕塑

中国传统建筑与雕塑均是中国文化的重要组成部分。其中，中国传统建筑作为东方建筑的代表之一，历经千年，影响深远。它是世界建筑中一个独立而特别的体系，是中国劳动人民几千年来建筑经验积累的成果，是中国传统文化的载体之一。

一、中国传统建筑

中国传统建筑外部特征明显，反映了中国传统的伦理精神，追求人与自然的和谐统一。

（一）中国传统建筑的发展

中国传统建筑一般划分为六个发展阶段：创立时期、成熟时期、融会时期、全盛时期、延续时期、停滞时期。

（1）创立时期——周朝。这一时期也是古代城市初生时期，城市规模较小。周朝各国都城筑有坚固的城墙，墙外设护城河，建高大城门。宫殿布置在城内，建在夯土台之上，木构架为主要的结构方式，屋顶使用陶瓦，木构架上饰用彩绘。中国古代建筑这时具备了雏形。

（2）成熟时期——秦汉。这是中国古代建筑发展史上的第一个高潮，建筑规模宏大，组合多样，大多以都城、宫殿（见图1-60）、祭祀建筑和陵墓为主。汉朝的长安确立了首都以宫城为主体的规划思想，这一原则一直为历代帝王所遵守、发展。

图1-60 汉朝宫殿

（3）融会时期——三国两晋南北朝。这一时期高层佛塔、石窟（见图1-61）、佛像开始出现。从前质朴的建筑风格转变为圆润成熟，此时期的建筑细节有明显的"胡化"现象。

图1-61　洛阳龙门石窟

（4）全盛时期——隋唐。隋唐时期的建筑是中国古代建筑发展史上的第二个高潮。隋唐建筑既继承了前代成就，又融合了外来影响，形成独立而完整的建筑体系，规模宏大，规划严整；建筑群处理愈趋成熟；木建筑解决了大面积、大体量的技术问题，并已定型化；设计与施工水平提高；砖石建筑有进一步发展。隋唐的建筑气魄宏伟、严整又开朗，对亚洲其他国家的建筑也产生了影响。

知识链接

唐朝接续了隋的统治，但政治开明了许多。君主励精图治，恢复经济，改善民生，对内巩固统一，对外交流融合，开创了空前的盛世局面。因此，唐代的建筑活动达到一个高峰期。宫殿建筑尤其宏伟，唐初的大明宫（见图1-62）和洛阳宫、玄宗时期的兴庆宫、武则天时期的明堂等在规制装饰上都彰显了唐朝的雄厚国力。

唐代的建筑活动因其国力的昌盛体现出特有的气质：首先，唐代在隋已有的城市建设基础上加强了有计划的布局，城市规模宏大，长安成为世界古代史上面积最大的城市，东都洛阳等其他城市也达到世界级大城市的规模；其次，唐代的建筑不仅技术高超，艺术性也达到卓越的水准；再次，唐代斗拱技术已经达到了极为成熟的高度；最后，唐风开放，对外交流频繁，所以有大量其他民族的建筑文化被吸收融入中国本土建筑中。

主题二 艺以修身——文学与审美

图 1-62 唐大明宫复原图

（5）延续时期——宋辽金元。宋辽金元时期的建筑与唐朝建筑宏大雄浑的风格不同，开始向细腻、纤巧方面发展，建筑装饰也更加讲究。宋朝受发达的手工业与商业的影响，城市结构和布局起了根本变化：进一步加强进深方向的空间层次，衬托出主体建筑；建筑装修与色彩有很大发展；砖石建筑的水平达到新的高度；园林兴盛。

（6）停滞时期——明清。明清时期建筑形体简练、细节烦琐。明朝开始，砖已普遍用于民居砌墙，琉璃面砖、琉璃瓦的质量提高，官僚地主私园发达，官式建筑的装修、彩画、装饰逐渐定型。清朝建筑大体沿袭明朝，但是更为崇尚工巧华丽，供统治阶级享乐的园林达到了极盛期，宗教风格建筑兴盛，住宅建筑百花齐放、丰富多彩。

（二）中国传统建筑的特征

中国传统建筑具有其独特的文化特征，追求人与自然的和谐统一，反映了中国传统的伦理精神。除此之外，中国传统建筑还具有结构和形式上的显著特点。

1. 单个建筑物的特征

（1）木结构系统。木结构系统即以木为材料，以构架制为基本结构来完成建筑。它是以梁架（垂直于地面的立柱和柱上横向的梁）为骨、"间"［四柱之上加以梁枋（横向为梁，前后为枋）构成的空间］做基本单元，墙体不承重的特殊建筑体系。

这样的木结构体系轻盈灵活，门窗布置和墙体有无都可以自由选择，适应力更强。从殷墟遗址推算，至少从商朝后期开始，木结构体系就已经确立并沿用千年。

（2）通常由台基、木构建筑物本身（梁架结构）、屋顶三个独具特色的部分组成。常见的传统建筑屋顶形式有庑殿式、硬山式、歇山式、攒尖式、十字脊式、重檐式等（见图1-63），古代建筑往往依据审美和政治功用，选用不同的屋顶形式。其中庑殿式是最高级别的，只能用于皇家和寺庙。庑殿又分单檐和重檐两种，重檐级别高于单檐。北京故宫的太和殿（见图1-64）就是重檐庑殿式建筑。

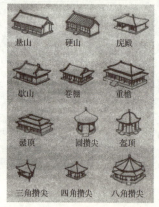

图1-63　中国传统建筑屋顶形式

图1-64　太和殿

（3）斗拱。斗拱（见图1-65）作为中国传统建筑重要的元素之一，对于建筑的发展有着重大的意义。斗拱的作用在于承接上部结构，将重量转移到立柱之上，并且斗拱可以从檐柱上往外挑出，承接向外向上翘起的巨大屋檐，所以还能有效保护建筑物下部和台基不被雨水淋湿。

2. 群体建筑的特征

（1）以封闭院落为基本单位。这样的院落往往由一个主建筑和其他附属建筑组合而成，其中包括厢房、厅堂、天井（庭院）等。院落的规模大小会随正房、厢房的数量多少而改变，大型建筑群还会串联多个院落群（见图1-66）。

图1-65　斗拱

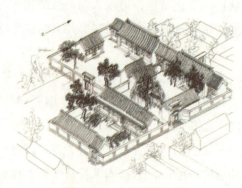

图1-66　古代院落布局

（2）按等级制规划设计。通常等级最高、最为重要的建筑都设立在中心位置上，并且主建筑从空间和规模上都是高于其他建筑的，它是使用者身份地位的象征。

（3）中轴线对称的院落布局。中国传统建筑有一条贯穿南北的中轴线，主建筑安放于中轴线上，坐北朝南；主建筑的东西方位则安置不同功用的建筑，即以严格的建筑礼制规范对称布置在中轴线左右两边。

（4）绝对自由的庭园布局。庭园是用以休闲娱乐和放松心情的场所，不适用严格的中轴线对称法，而需要富有趣味、带有诗情画意、充满自然情怀的建筑布局。因此，庭园部署总是高低曲折，有池沼花木装点，人在其中休憩或观赏能有一个优美而轻松的空间。

（5）以平面布局为主。由于中国传统建筑以院落为基本，主建筑体一定配有附属建筑物，所以围绕其四周的厢房、庭园、过廊、山门、交楼、围墙等都成为空间布局中的重要组成部分。

3. 城市建造特征

按功能区规划，以间为单位组成房屋，以房屋组成院落，以院落形成街巷，以街巷合成大的街区，以大的街区形成道路连通交叉的格状城市空间，城市中心以中轴线为基础安置宫殿建筑、官署建筑、钟楼鼓楼等公共建筑。

这种规划因为以宫城和官署建筑为中心，所以牺牲了居民区之间的便利交流，但标志着中央集权制的加强和王权专制的巩固。

（三）中国传统建筑赏析

1. 晋祠

晋祠（见图1-67）是中国现存最早的宗祠园林建筑群，始建于北魏，为纪念周武王次子叔虞而建，是一处风景十分优美的古建园林，被誉为山西的"小江南"，也是一处国家少有的大型祠堂式古典园林，驰名中外。

图1-67　晋祠

其中主体建筑圣母殿建于北宋时期,是典型的宋代早期建筑。圣母殿为重檐建筑,殿内无柱,四周立柱向内微倾,两端角柱略微增高,以形成挑起之势。立柱上雕刻有木制盘龙八条,形态各异。殿前有鱼沼飞梁,沼内立有34根八角形石柱,柱顶仿斗拱形式以斗拱和横梁承接十字形桥体,采用了典型的普柏枋结构,即阑额和柱头之间加横木,用来承托斗拱,是宋代建筑的常见构件。

2. 北京故宫

北京故宫(见图1-68)是中国明清两代的皇家宫殿,旧称紫禁城,位于北京中轴线的中心。北京故宫以三大殿为中心,占地面积约72万平方米,建筑面积约15万平方米,有大小宫殿70多座,房屋9 000余间。北京故宫是世界上现存规模最大、保存最为完整的木质结构传统建筑群之一。

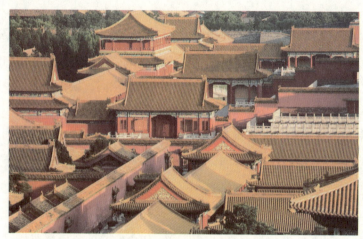

图1-68　北京故宫(局部)

北京故宫于明成祖永乐四年(1406)开始建设,以南京故宫为蓝本营建,到永乐十八年(1420)建成,成为明清两朝24位皇帝的皇宫。民国十四年国庆节(1925年10月10日)故宫博物院正式成立开幕。北京故宫南北长961米,东西宽753米,四面围有高10米的城墙,城外有宽52米的护城河。紫禁城有四座城门,南面为午门,北面为神武门,东面为东华门,西面为西华门。城墙的四角,各有一座风姿绰约的角楼,民间有九梁十八柱七十二条脊之说,形容其结构的复杂。

北京故宫内的建筑分为外朝和内廷两部分。外朝的中心为太和殿、中和殿、保和殿,统称三大殿,是国家举行大典礼的地方。三大殿左右两翼辅以文华殿、武英殿两组建筑。内廷的中心是乾清宫、交泰殿、坤宁宫,统称后三宫,是皇帝和皇后居住的正宫。其后为御花园。后三宫两侧排列着东、西六宫,是后妃们居住休息的地方。东六宫东侧是天穹宝殿等佛堂建筑,西六宫西侧是中正殿等佛堂建筑。外朝、内廷之外还有外东路、外西路两部分建筑。

主题二 艺以修身——文学与审美

3. 长城

我们现在所见的长城（见图1-69）多为明代修建，西起嘉峪关，东至鸭绿江，又称为万里长城。据2012年国家文物局发布的数据，中国历代长城总长度为21 196.18千米；其中，明长城总长度为8 851.8千米。1987年长城被列入《世界遗产名录》。

图1-69 长城（局部）

长城是古代中国在不同时期为防卫而修筑的规模宏大的军事工程，是一组有机的防御体系，这一防御体系以城墙为主体，还包括敌台、关隘、烽火台（烽燧）等一系列城防建筑。早在春秋战国时期，各国为了互相防御，均选形势险要的地方修筑长城。秦始皇完成统一后，将秦、赵、燕三国北边长城予以修缮，连贯为一。此后汉、北魏、北齐、北周、隋都曾在北边与游牧民族接境地带筑过长城。明朝为了防御鞑靼、瓦剌的侵扰，曾多次修筑长城。

长城是世界上修建时间最长、工程量最大的冷兵器战争时代的国家军事性防御工程，凝聚着古代劳动人民的血汗和智慧，是中华民族的象征和骄傲。其中，八达岭是明长城中保存完整、具有代表性的段落之一，地势险要，历朝都设重兵把守；山海关被称为万里长城第一关，其北踞燕山，南抵渤海，位居东北、华北间的咽喉要冲，自古为兵家必争之地。

4. 拙政园

拙政园（见图1-70）始建于明朝正德初年（16世纪初），由因官场失意而还乡的御史王献臣拓建大弘寺址而建，位于江苏省苏州市，与北京颐和园、承德避暑山庄、苏州留园一起被誉为中国"四大名园"。

图 1-70 拙政园（局部）

拙政园占地 78 亩[①]，为苏州现有最大的园林，全园以水为中心，住宅是典型的江南地区汉族民居多进的格局（现布置为园林博物馆展厅），花园分为东、中、西三部分，山水环绕，花木繁茂，疏朗平淡，近乎自然。

拙政园东部布局以平冈远山、松林草坪、竹坞曲水为主，疏朗明快；中部是其精华所在，以水池为中心，池中遍植荷花，主体建筑远香堂位于水池南岸，以赏荷命名，其余亭台楼栅也大多临水而建，倚玉轩、香洲、荷风四面亭三足鼎立，赏荷各有佳处；西部水面迂回，亭阁布局紧凑，三十六鸳鸯馆是当时园主人宴请宾客和听曲的场所，装饰华丽精美，与谁同坐轩取名自苏轼名篇中的"与谁同坐，明月清风我"，设计巧妙，静坐轩中，可同时观赏倒影楼、三十六鸳鸯馆和笠亭的妙处。

拙政园从建造之初就是传统文人山林之趣与艺术家精妙的审美趣味及苏州本地能工巧匠的高超技艺的完美结合，在园林山水和住宅之间，穿插庭院，较好地解决了住宅与园林之间的过渡，使园林真正达到可行、可观、可居、可游的中国古代造园理想，是明清时期江南私家园林的代表作品。

（四）中国传统建筑的保护与发展传承

中国传统建筑的历史就像一条川流不息的长河，一直在不断变化、不断吸纳，创造出了具有各个时代特征的建筑风格，也因此被称为"凝固的历史"。

据不完全统计，我国的传统建筑数量每年都在减少，给我国的传统建筑保护工作带来了巨大的压力。我们应加强民族文化和自然遗产的保护和建设，重点保护文物和历史遗迹。因此，当代人应承担起历史重担，注重对传统建筑的修复以及保护工作。

---

① 1 亩 =666.67 平方米。

1. 传统建筑保护的内容

为了保护我国现有的传统建筑，我们需要保持传统建筑原有的地位。

（1）通过对我国传统建筑最初乃至最终建成时的基本整体外貌，以及对传统建筑诞生时期的深入研究，找到其基本理论依据，以还原其原始色彩，再现传统建筑艺术风格，从而保持中国传统建筑的历史文化意义、艺术传统和独特性。

（2）利用材料保护主体结构，恢复传统建筑的样貌。传统建筑中使用的自然材料主要有木、石、砖、瓦、灰五种。我国森林资源十分匮乏，木材资源不足，导致这些材料短缺。在我国传统建筑设计中，往往需要遵循传统的大型传统建筑材料加工工艺，建筑主体结构的设计形式直接决定着建筑内部结构的类型。

（3）根据传统建筑原有的装饰工艺技术和制作工艺等来完成我国传统建筑保护工作。

2. 传统建筑保护存在的问题

（1）公众对保护传统建筑缺乏认识。对传统建筑的保护不仅要从政策层面入手，而且要鼓励人们树立保护传统建筑的意识，这样才能真正保护传统建筑。过去，人们对传统建筑的保护知识不足，历史意识、文物保护意识淡薄。随着经济条件的发展，由于对传统建筑的保护意识薄弱，一部分古民居建筑由于内部设施差，不能满足现代人的生活水平，一些居民会对古民居建筑进行更新或改造，会对传统建筑造成严重破坏。一些人想要提升自身的物质生活，会大量使用现代化设备对居住的传统建筑村落进行改造。一些存在百年、千年的传统建筑被加以改造或者被彻底摧毁重建。传统建筑的价值在于历经历史与时代的变迁，彰显出我国优秀的历史文化，如果开发商只注重追求利益，直接对古民居建筑、建筑物进行拆毁，传统建筑存在的文化素养将难以进行保护。随着旅游业和房地产业的蓬勃发展，许多开发商就会只注重眼前的经济利益，不重视文化价值。

（2）传统建筑消防措施不足。中国传统建筑与西方国家传统建筑最大的区别在于，中国传统建筑在保护与修复时往往更多地选择原木，而建筑本身也多以各种木质架构来搭建。目前，由于我国一些传统建筑的耐火强度低，装饰的材料具有一定的易燃性，因此，在我国的建筑装饰材料中，这些木结构建筑发生火灾很难扑灭，尽管大多数传统建筑都安装了消防栓和其他自动消防系统、建筑火灾自动检测报警控制系统，但这些控制设备的日常使用受到限制，分布不均，人们在管理中往往忽视维修，有严重的消防隐患。

（3）传统建筑严重风化。我国传统建筑中石件的自然风化现象很严重，其中最常见的情况可能是由于汉白玉和砂岩的自然风化。

（4）传统建筑保护与新城市建设的矛盾。对传统建筑的有效保护无疑是我国城市规划建设中的一个重大问题，而旧城新区的建设往往比较容易实施。城市规划是一个理性的总体规划，但在许多历史文化名城中，旧城新区建设面临的具体问题往往更为复杂。一些省级城市有许多的传统建筑，保护它们必将给一座城市的公共道路交通运输系统、市政基础设施资源分布等问题增加一定的难度。除此之外，许多建设者没有充分认识到研究传统建筑的重要性，导致具有重要研究意义的传统建筑被破坏、改造，因此，传统建筑保护与新城市建设的矛盾是一个难以圆满解决的难题。

（5）对传统建筑的全面保护的忽视。过去，所谓的传统建筑保护工作过于单一与片面，常常只注重建筑体系中的部分保护，忽视了对传统建筑的全面保护，难以将传统建筑中的文化古韵以及历史沉淀感完全展现出来。在这种局面下，为了避免损失，政府提出了历史文化保护区的概念，以保护传统建筑群悠久的传统文化。由于具体实施和操作困难，历史街区会受到不同程度的破坏。

3. 传统建筑的保护措施

（1）增强公众的传统建筑保护意识。传统建筑的保护不能仅仅依靠法律和政府来推进，更需要发动广大人民群众参与到传统建筑的保护中来，以群众为主体，培养群众的传统建筑保护意识。此外，还要组织大量的人民群众，成立相应的传统建筑保护团体和自发的传统建筑保护公益组织，向人民群众宣扬传统建筑的历史价值与艺术价值，使得人民群众配合政府部门，一起来保护传统建筑，维护传统建筑的传统价值。

（2）与现代化建设并驾齐驱。一方面，传统建筑在文化传承方面有着非常大的作用，所以在传统建筑保护的过程中，必须保护传统建筑原有的历史文化；另一方面，要顺应历史的发展潮流，不断发展现代化的城市。城市发展与传统建筑保护并不冲突，应坚持传统建筑保护与城市改建双线并行的原则，合理规划传统建筑的保护工作，在城市改建的过程中加强对传统建筑本身以及周边文化的保护，使得传统建筑的保护工作与城市发展协调一致。

（3）加强传统建筑的消防防护工作。传统建筑的消防防护工作要做到防患于未然，最大限度地减少火灾的发生。当发生火灾时，不可以使用破坏性较大的消防设施，尽量减少对建筑的损坏，同时加强对电源和火源的管控，需要时刻保证供电系统的安全运行。完善消防系统的布置，加强火灾预防技术的应用，布置各种探测报警系统。

（4）加强相应的传统建筑维护人才的培养。目前，我国传统建筑保护理论的相关研究比较匮乏，专业性人才也不足，虽然大多数的高校设置有建筑学专业，但主要的研究方向仅仅是建筑设计和结构工程，很少涉及传统建筑的保护研究，所以需要加强专业人员的培养，提高传统建筑保护的理论研究水平和实践操作能力。此外，高校也要加强相应专业的人才培养，提高其对传统建筑保护理论的研究水平及研究操作能力，向国外学习先进的保护理论，开创传统建筑保护的新局面。

主题二 艺以修身——文学与审美

二、中国传统雕塑

中国传统雕塑实用性强，装饰感强烈；绘画性强，重意象。中国传统雕塑大致可分为器皿雕塑、陵墓雕塑、宗教雕塑和民俗雕塑等。

（一）中国传统雕塑的发展

雕塑艺术在我国历史悠久，可以上溯到公元前8000年以前，早在新石器时期，我国先民的雕塑活动就已经开始了。

史前时期，我国的原始雕塑以陶塑为主。陶塑是将泥土加工成型后，经火烧制而成。从考古结果来看，前8000—前4000年的原始社会末期，我们的先民烧制了大量的陶器，主要用于炊煮、饮食、储藏等。

这些陶器按形状和装饰纹路可分为拟形陶、彩陶、印纹陶和素陶等，其中拟形陶将陶器外形做成某种事物形象，以人和各种动物的形象为主，如狗形陶（见图1-71）、鹰形陶等。

图1-71 狗形陶

这一时期的陶器大多形式自由而又随意粗简，有一种稚拙神秘的美感。彩陶是在表面带有彩绘纹样装饰的史前陶器，中国古代的仰韶文化、河姆渡文化、龙山文化等都有大量彩陶出土，它们是我国远古美术品中装饰精美、内容丰富、艺术成就很高的艺术作品。

商周时期，我国雕塑的材料从远古的石、骨、泥、木等变成以青铜和玉石为主。商周时期的青铜器，无论大小，都给人细节精美、整体雄奇辉煌之感。商朝铜器的装饰纹以瞪大眼睛、张开大口的威严的夔纹（见图1-72）和饕餮纹为主，西周后期几何纹开始流行。商周时期青铜器纹饰之美反映了中华民族自古对"文"之美的独特追求。

图1-72 夔纹

秦朝至唐朝时期，雕塑的发展比之前更加繁盛，这一时期最有代表性的雕塑是陵墓雕塑（见图1-73）。陵墓雕塑包括墓室随葬俑和地上大型纪念性雕刻，它是古代帝王、贵族为了炫耀自己的功业地位，以及追求在死后世界继续享受人间富贵荣华而命人雕塑的，体现了它所产生的特定历史时代的社会理想和艺术水平。

图 1-73 陵墓雕塑

宗教雕塑（见图 1-74）是以宗教教义、故事、人物、传说为题材的雕塑。中国古代宗教雕塑以佛教雕塑艺术成就最高。隋唐时期，中国佛像雕塑已经一改之前的神秘超脱，变得丰满端庄、慈祥温和，反映出生活化、本土化的变化痕迹。

图 1-74 宗教雕塑

（二）中国古代雕塑作品欣赏

1. 秦始皇陵兵马俑

秦始皇陵兵马俑坑位于秦始皇陵东侧 1 500 米处，坐西向东，三坑呈品字形排列。在深 5 米左右的坑底，每隔 3 米架起一道东西向的承重墙，兵马俑排列在墙间的空当中（见图 1-75）。

图 1-75 秦始皇陵兵马俑

兵马俑反映了秦朝兵强马壮、叱咤风云的气势。兵马俑的塑造基本上以现实生活为基础，手法细腻明快。每个陶俑的装束、神态都不一样。人物的发式就有许多种，手势也各不相同，面部的表情更是各有差异。从他们的装束、神情和手势就可以判断出是官还是兵，是步兵还是骑兵。总体而言，所有的秦俑面容中都流露出秦人独有的威严与从容，具有鲜明的个性和强烈的时代特征。

2. 唐三彩胡人俑

唐三彩胡人俑（见图 1-76），身穿大翻领上衣，腰系腰带，造型像是在牵驼，右手持缰，左手辅助，臂膀粗壮，微微扭头站立，雕塑形象逼真，三彩润透鲜艳，反映了唐代外域人士众多的社会风貌，有重要的文物价值和欣赏价值。现收藏于郑州城外城陶瓷艺术博物馆。

3. 昭陵六骏

昭陵六骏（见图 1-77）指立于唐太宗墓前的六块浮雕，是我国浮雕艺术史上具有代表性的作品。昭陵六骏主要是表现唐太宗生前征战疆场所骑过的六匹战马——"拳毛䯄""什伐赤""白蹄乌""特勒骠（一作特勤骠）""青骓""飒露紫"。六马姿势各异，有的站立，有的徐行，有的奔驰，浮雕巧妙运用弧线和直线刚柔相济，产生了近乎圆雕的强大立体感。

图 1-76　唐三彩胡人俑

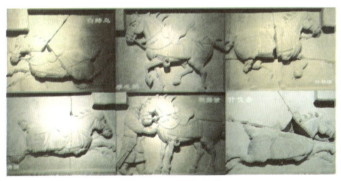

图 1-77　昭陵六骏

思考与实践

走访所在城市或周边城市的传统建筑、古典园林等，了解其现状，结合其所蕴含的道法自然、天人合一等传统思想，谈一谈在现代社会应如何对待传统建筑，传统建筑现今是否还具有使用价值，等等。

主题三

格物致知——科学与技术

敦本务实　中国古代科学

中国古代科学中的天文知识、历法知识、医学知识源于我们祖先的智慧，为历史的发展、社会的进步做出了极大的贡献。

一、中国古代天文学及历法

（一）中国古代天文学及历法的发展历程

天文学与人类的生产、生活紧密相关，是自然科学中发展得最早的一门科学，对指导人们的生活有很大作用。

新石器时代是我国天文学的萌芽阶段。当时的人们开始注意到太阳升落、月亮圆缺的变化，从而产生了时间和方向的概念。

夏朝已有历法，今天还把农历称为"夏历"。夏历法来源于夏朝历法的《夏小正》，《夏小正》是中国现存最早的一部记录农事的历书，收录于西汉戴德汇编的《大戴礼记》第47篇。在《隋书·经籍志》首次出现《夏小正》单行本。

春秋时期，人们已能由月亮的位置推出每月太阳的位置，在此基础上建立了二十八宿体系。根据《春秋》一书记载，当时已将一年分为春、夏、秋、冬四季。战国时期的甘德、石申撰写了世界上最早的天文学著作，后人将他们的著作合在一起称为《甘石星经》。

主题三 格物致知——科学与技术

随着天文观测的进步，人们创造了二十四节气，使天文学更好地服务于农业生产。

秦汉时期天文学有了长足进展，全国制定了统一的历法。汉武帝时，司马迁参与改定的《太初历》，具有节气、闰法、朔晦、交食周期等内容，显示了很高的水平。这一时期还制作了浑仪、浑象（见图1-78）等重要的观测仪器，对后世有深远影响。

图1-78 浑仪、浑象

三国两晋南北朝时期，祖冲之在刘宋大明六年（462）完成了《大明历》，这是一部精确度很高的历法。

隋唐时期重新编订历法，并对恒星位置进行重新测定，进行了世界上最早的对子午线长度的实测。人们根据天文观测结果，绘制了一幅幅星图。唐开元年间，僧一行编订《大衍历》。《大衍历》共分七篇，包括平朔望和平气、七十二候、日月每天的位置与运动、每天见到的星象和昼夜时刻、日食、月食和五大行星的位置。唐穆宗长庆年间，徐昂编订《宣明历》，这是继《大衍历》之后，唐代的又一部优良历法。

宋元时期，制造、改进了许多天文仪器。例如，北宋苏颂等人的水运仪象台（见图1-79），以水为动力，带动一套精密的机械，既可观测天体，又可演示天象，还能自动报时，成为世界上著名的天文钟；元代郭守敬制造的简仪等在同类型天文仪器中居于世界领先地位，他还创造了中国古代最精密的历法——《授时历》，规定一年为365.242 5天，这和现行公历——格里高利历是一样的，但比格里高利历早了300多年。

明中期，欧洲传教士带来欧洲天文学知识，促进了中国天文学进一步发展。徐光启等人翻译了一批欧洲天文学著作，并制作了一些天文仪器，安装在北京天文台。清朝建立后，在中国的传教士又督造了6件铜制大型仪器，这

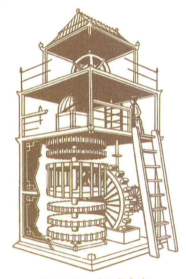

图1-79 水运仪象台

些仪器保存至今。清代学者在天文学理论上也取得一些突破，如在《仪象考成续编》一书中提出恒星有远近变化，也就是认识到恒星有视向运动。

（二）中国古代天文学及历法的内容

1. 日月、五星

日月即太阳、月亮，五星即金、木、水、火、土五大行星，日月五星合称"七曜"，也叫"七政"。金、木、水、火、土这五颗星最初分别叫太白、岁星、辰星、荧惑、镇星，这也是古代对这五颗星的通常称法。

2. 北斗

北斗星由天枢、天璇、天玑、天权、玉衡、开阳、瑶光七星组成，古人把这七星联系起来想象成古代舀酒的斗形，所以称北斗星。北斗七星属于大熊座。北斗可以用来辨方向、定季节。

3. 十二辰

我国古人把天球赤道从东向西等分为十二部分，并以十二地支名称来命名，即子、丑、寅、卯、辰、巳、午、未、申、酉、戌、亥。十二辰纪年法又叫太岁纪年法。因为实际地球运行是自西向东的，十二辰的顺序与岁星运行的轨道相反，所以古人假设了一个自东向西运行的岁星，叫太岁。汉代以后，又用十二辰记录一天的十二个时辰，每个时辰等于现在的两个小时，子时是23—1时，丑时是凌晨1—3时，以此类推。

4. 夏历、殷历、周历

夏历、殷历、周历是我国先秦时期使用的三种历法，这三种历法的主要区别在于岁首月建不同，即正月的时间不同。夏历以春一月为正月，殷历以冬十月为正月，周历以冬十一月为正月。

5. 阳历、阴历、阴阳历

世界的历法可分为阳历、阴历和阴阳历三种。以太阳运动为主要依据的历法叫阳历，以月亮运动为主要依据的历法叫阴历，兼顾两种运动的历法叫阴阳历。我国的古代历法基本是阴阳历，只有部分少数民族用过阴历或阳历。

阳历也叫"太阳历"，即公历。现代天文学把用公历计算的年，叫太阳年。太阳年以地球绕太阳一周（一回归年365天5小时48分40秒）为一年。为方便计，以365天为一年，叫平年；余下的时间，每四年加一天，这一年叫闰年。

阴历也叫"太阴历"，有些地方叫月亮年，是以月亮圆缺的一个周期为一个月，十二个月为一年。

阴阳历也叫阴阳合历，是我国长期使用的农历，也叫阴历（此处阴历与前述阴历不同）。阴阳历综合了阴历和阳历的特点，依照月亮的盈亏周期，照顾到与农业生产关系密切的节气,又通过置闰的办法,解决了年的平均值基本符合回归年的问题。

6. 二十四节气

我国古代把一年分为"二十四节气",这个独特的创造为天文学和农业活动做出了伟大的贡献。古人将二十四节气编成歌谣,一直流传至今:

春雨惊春清谷天,夏满芒夏暑相连。
秋处露秋寒霜降,冬雪雪冬小大寒。
每月两节不变更,最多相差一两天。
上半年来六廿一,下半年是八廿三。

二十四节气的传统含义如下:

立春,春季开始;雨水,降雨开始;惊蛰,开始响雷,冬眠动物复苏;春分,春季的中间,昼夜平分;清明,气候温暖,天气清和明朗;谷雨,降雨量增多,对谷类生长有利;立夏,夏季开始;小满,麦类等夏熟作物籽粒逐渐饱满;芒种,有芒的麦子快收,有芒的稻子可种,又叫"忙种";夏至,夏天到,此时白天最长,夜晚最短;小暑,正当初伏前后,气候开始炎热;大暑,为一年中最炎热的时节;立秋,秋季开始,气温逐渐下降;处暑,"处"有躲藏、终止的意思,表示炎热即将过去;白露,此时节因夜间较凉,空气中的水汽往往凝成露水;秋分,秋季的中间,昼夜平分;寒露,气温明显降低,夜间露水很凉;霜降,开始降霜;立冬,冬季开始;小雪,开始降雪;大雪,降雪较大;冬至,进入"数九寒天",白天短,夜晚长;小寒,气候已比较寒冷;大寒,为最冷的时节。

7. 纪年法

我国古代纪年的方法很多,重要的有以下几种:

(1)谥号纪年法。先秦时一般用王侯即位的年次前加上谥号来纪年,如鲁隐公元年、齐桓公十年、秦穆公十五年等,这种纪年方法叫谥号纪年法或帝号纪年法。

(2)年号纪年法。前141年,汉武帝刘彻即位,使用年号"建元",首创年号纪年法。以后历代帝王都仿照他制定自己的年号。

(3)干支纪年法。干支纪年法是运用十天干(甲、乙、丙、丁、戊、己、庚、辛、壬、癸)与十二地支(子、丑、寅、卯、辰、巳、午、未、申、酉、戌、亥)相配合而形成的纪年方法。干支是天干与地支的总称。把"甲、乙、丙、丁、戊、己、庚、辛、壬、癸"十天干,与"子、丑、寅、卯、辰、巳、午、未、申、酉、戌、亥"十二地支依次组合,形成"六十甲子"。

大约在东汉时期,又产生了十二属相(十二生肖)纪年法,并与地支相配成子鼠、丑牛、寅虎、卯兔、辰龙、巳蛇、午马、未羊、申猴、酉鸡、戌狗、亥猪。

8. 纪月法

古代纪月，一般是按序数来纪，如一月、二月、三月……只是把一月称作正月或元月（秦朝因避讳称端月），十一月叫冬月，十二月叫腊月。古人还常常把一年四季的三个月与孟、仲、季结合在一起，每季度的第一个月称为孟，第二月称仲，第三月称季。

此外，还有以地支配十二月的地支纪月法（这种方法以十一月为子月，依次类推）和以乐律纪月的乐律纪月法（按音乐上的十二律名来纪月）。

9. 纪日法

古代纪日法，除日序（一、二、三）纪日法外，最早、最常见的就是干支纪日法，这种纪日法起源很早，甲骨、金文中的记载基本上就是干支纪日。日序纪日法中，上旬十天序数前边习惯上加"初"字，如初一、初十等。古代对一些特殊的日子还有些特殊的叫法，如初一叫朔，初三叫朏，十五叫望，望的第二天叫既望，每月的最后一天叫晦。

10. 纪时法

古人纪时，因为没有计时器，一般是按照天色把一昼夜分成若干时段，把日出前后叫旦、早、朝、晨，日落之时叫夕、暮、昏、晚，所以古人常常把旦暮、朝夕、晨昏、昏旦并举，表示一天一夜。汉武帝太初历法改革以后，一昼夜正式定为十二个时段，叫作十二时辰，并取名为夜半、鸡鸣、平旦、日出、食时、隅中、日中、日昳、晡时、日入、黄昏、人定。古人一般是日出而作、日落而息，每天只食两餐，食时指早饭，晡时指晚饭。

11. 计时工具

中国古代计时工具有很多种，最常用的如圭表、日晷、漏刻等。圭表由垂直的表和水平的圭组成，通过观测表影的变化可以确定方向和节气，其主要功能是测定冬至日，进而确定回归年的长度。日晷又称"日规"，是利用日影观测时刻的一种仪器，通常由铜制的指针和石制的圆盘组成。其中铜制的指针叫"晷针"，石制的圆盘叫"晷面"，人们可以根据日影的位置来确定当时的时刻。

由于日晷和圭表测量时间都要依靠太阳的影子来计算，一旦遇到阴雨天和黑夜就会失去作用，于是一种白天黑夜都可计时的仪器——漏刻便产生了。漏刻也称为刻漏，是采用漏水的方法来计时，有泄水型和受水型两种。首先在漏壶中插入一根刻有时刻的标杆，称为箭，箭下以一只箭舟相托，浮于水面。当水流出或流入壶中时，箭杆会相应下沉或上升，壶口处箭上的刻度就可以指示时刻。除此之外，中国古代还出现了许多与漏刻结构原理相类似的计时工具，如以称量水重来计时的称漏和以沙代水的沙漏。

拓展阅读

中国是世界上天文学起步最早、发展最快的国家之一，天文学也是我国古代最发达的四门自然科学之一，其他包括农学、医学和数学。天文学方面屡有革新的优良历法、令人惊美的发明创造、卓有见识的宇宙观等，在世界天文学发展史上无不占据重要地位。

我国古代天文学从原始社会就开始萌芽了。公元前24世纪的帝尧时代就设立了专职的天文官，专门从事"观象授时"。早在仰韶文化时期，人们就描绘了光芒四射的太阳形象，进而对太阳上的变化也屡有记载，描绘出太阳边缘有大小如同弹丸、呈倾斜形状的太阳黑子。

16世纪前，天文学在欧洲的发展一直很缓慢，在从2世纪到16世纪的1 000多年中，更是几乎处于停滞状态。在此期间，我国天文学得到了稳步的发展，取得了辉煌的成就。我国古代天文学的成就大体可归纳为三个方面，即天象观察、仪器制作和编订历法。

我国最早的天象观察，可以追溯到好几千年以前。无论是对太阳、月亮、行星、彗星、新星、恒星，以及日食和月食、太阳黑子、日珥、流星雨等罕见天象，都有着悠久而丰富的记载，观察仔细、记录精确、描述详尽，其水平之高达到使今人惊讶的程度，这些记载至今仍具有很高的科学价值。在我国河南安阳出土的殷墟甲骨文中，已见记载有丰富的天文现象。这表明远在公元前14世纪时，我们祖先的天文学已很发达了。举世公认，我国有世界上最早、最完整的天象记载。我国是欧洲文艺复兴以前天文现象最精确的观测者和记录的最好保存者。

我国古代在创制天文仪器方面也做出了杰出的贡献，创造性地设计和制造了许多种精巧的观察和测量仪器。我国最古老、最简单的天文仪器是土圭，也叫圭表。它是用来度量日影长短的，它最初是从什么时候开始有的，已无从考证。

此外，西汉的落下闳改制了浑仪，这种我国古代测量天体位置的主要仪器，几乎历代都有改进。东汉的张衡创制了世界上第一架利用水利作为动力的浑象。元代的郭守敬先后创制和改进了10多种天文仪器，如简仪、高表、仰仪等。

1973年，我国考古工作者在湖南长沙马王堆的一座汉朝古墓内发现了一幅精致的彗星图，图上除彗星之外，还绘有云、气、月掩星和恒星。天文史学家对这幅古图做了考释研究后，称之为《天文气象杂占》，认为这是迄今发现的世界上最古老的彗星图。早在2 000多年前的先秦时期，我们的祖先就已经对各种形态的彗星进行了认真的观测，不仅画出了三尾彗、四尾彗，还似乎窥视到今天用大望远镜也很难见到的彗核，这足以说明中国古代的天象观测是何等的精细入微。

古人勤奋观察日月星辰的位置及其变化,主要目的是通过观察这类天象,掌握它们的规律性,用来确定四季,编制历法,为生产和生活服务。我国古代历法不仅包括节气的推算、每月的日数的分配、月和闰月的安排等,还包括许多天文学的内容,如日月食发生时刻和可见情况的计算和预报、五大行星位置的推算和预报等。一方面说明我国古代对天文学和天文现象的重视,同时,这类天文现象也是用来验证历法准确性的重要手段之一。测定回归年的长度是历法的基础。我国古代历法特别重视冬至这个节气,准确测定连续两次冬至的时刻,它们之间的时间间隔,就是一个回归年。

根据观测结果,我国古代上百次地改进了历法。就拿郭守敬于1280年编订的《授时历》来说,通过3年多的200次测量,经过计算,采用365.242 5日作为一个回归年的长度。这个数值与现今世界上通用的公历值相同,而在六七百年前,郭守敬能够测算得那么精密,实在是很了不起,比欧洲的格里高利历早了300年。

我国的祖先还生活在茹毛饮血的时代时,就已经懂得按照大自然安排的"作息时间表","日出而作,日入而息"。太阳周而复始的东升西落运动,使人类形成了最基本的时间概念——"日",产生了"天"这个最基本的时间单位。大约在商代,古人已经有了黎明、清晨、中午、午后、下午、黄昏和夜晚这种粗略划分一天的时间概念。计时仪器漏壶发明后,人们通常采用将一天的时间划分为一百刻的做法,夏至前后,"昼长六十刻,夜短四十刻";冬至前后,"昼短四十刻,夜长六十刻";春分、秋分前后,则昼夜各五十刻。尽管白天、黑夜的长短不一样,但昼夜的总长是不变的,都是每天一百刻。

包括天文学在内的现代自然科学的极大发展,最早是从欧洲的文艺复兴时期开始的。文艺复兴时期大致从14世纪到16世纪,大体相当于我国明初到万历年间。我国天文史学家认为,这200年间,我国天文学的主要进展至少可以列举以下几项:翻译阿拉伯和欧洲的天文学事记;从1405—1432年的20多年间,郑和率领舰队几次出海,船只在远洋航行中利用"牵星术"定向定位,为发展航海天文学做出了贡献;对一些特殊天象做了比较仔细的观察,譬如,1572年的"阁道客星"和1604年的"尾分客星",这是两颗难得的超新星。

我国古代观测天象的台址名称很多,如灵台、瞻星台、司天台、观星台和观象台等。现今保存最完好的就是河南登封观星台和北京古观象台。

登封观星台

我国还有不少太阳黑子记录,如约前140年成书的《淮南子》中说:"日中有踆乌。"前165年的一次记载中说:"日中有王字。"战国时期的一次记录描述为"日中有立人之像"。更早的观察和记录,可以上溯到甲骨文字中有关太阳黑子的记载,离现在已有

3 000多年。从公元前28年到明代末年的1 600多年当中，我国共有100多次翔实可靠的太阳黑子记录，这些记录不仅有确切日期，而且对黑子的形状、大小、位置乃至分裂、变化等，也都有很详细和认真的描述。这是我国和世界人民一份十分宝贵的科学遗产，对研究太阳物理和太阳的活动规律，以及地球上的气候变迁等，是极为珍贵的历史资料，有着重要的参考价值。

世界天文史学界公认，我国对哈雷彗星观测记录久远、详尽，无哪个国家可比。《史记·秦始皇本纪》记载的秦始皇七年（前240）的彗星，各国学者认为这是世界上最早的哈雷彗星记录。从那时起到1986年，哈雷彗星共回归了30次，我国史籍和地方志中都有记录。实际上，我国还有更早的哈雷彗星记录。我国已故著名天文学家张钰哲在晚年考证了《淮南子·兵略训》中"武王伐纣，东面而迎岁……彗星出而授殷人其柄"这段文字，认为当时出现的这颗彗星也是哈雷彗星。他计算了近4 000年哈雷彗星的轨道，并从其他相互印证的史料中肯定了武王伐纣的确切年代应为前1 056年，这样又把我国哈雷彗星的最早记录的年代往前推了800多年。

我国古代对著名的流星雨，如天琴座、英仙座、狮子座等流星雨，各有好多次记录，光是天琴座流星雨至少就有10次，英仙座的至少也有12次。狮子座流星雨由于1833年的盛大"表演"而特别出名。从902—1833年，我国以及欧洲和阿拉伯等国家，总共记录了13次狮子座流星雨的出现，其中我国占7次，最早的一次是在931年10月21日，是世界上的第二次纪事。从公元前7世纪算起，我国古代有180次以上的这类流星雨纪事。（资料来源：https://www.dengfeng.gov.cn/twwh/5264371.jhtml）

二、中国传统医学

中国传统医学简称"中医学"，是指起源和发展于中国地域的，研究人类生命过程及同疾病斗争的一门科学。中医是中国各民族医学的统称，主要包括汉族（中）医学、藏族医学、蒙古族医学、维吾尔族医学等民族医学。

中医是中国的国粹之一，2018年10月1日，世界卫生组织首次将中医纳入其具有全球影响力的医学纲要。

中医学以阴阳五行作为理论基础，将人体看成是气、形、神的统一体，通过"望闻问切"四诊合参的方法，探求病因、病性、病位，分析病机及人体内五脏六腑、经络关节、气血津液的变化，判断邪正消长，进而得出病名，归纳出证型，以辨证论治原则，制定"汗、吐、下、和、温、清、补、消"等治法，使用中药、针灸、推拿、按摩、拔罐、气功、食疗等多种治疗手段，使人体达到阴阳调和而康复。

（一）中医学的发展阶段

中医学理论体系形成于先秦两汉时期（前77—约220），以《黄帝内经》《难经》《伤寒杂病论》《神农百草经》等经典医籍的相继问世为标志。其中，《黄帝内经》（见图1-80）是我国现存的第一部医学经典著作，是中医四大经典之首，被称为"医学之祖"；《难经》对脉学的详细而精当的论述特别具有创造性；《伤寒杂病论》（张仲景）确立了中医学辨证论治的理论体系；《神农本草经》是我国现存最早的药物学专著。

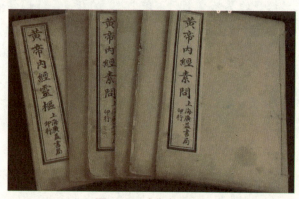

图1-80 《黄帝内经》

知识链接

《伤寒杂病论》的作者是东汉末年的张仲景，他是建安三神医之一，被后人尊称为"医圣"。

《伤寒杂病论》确立的"辨证论治"原则是中医临床的基本原则，是中医的灵魂所在。在方剂学方面，《伤寒杂病论》也做出了巨大贡献。它创造了很多剂型，记载了大量有效的方剂。其所确立的六经辨证的治疗原则，受到历代医学家的推崇。这是中国第一部从理论到实践、确立辨证论治法则的医学专著，是中国医学史上影响最大的著作之一，是后学者研习中医必备的经典著作，受到医学生和临床大夫的广泛重视。

汉代以后，中医学呈现出全面发展的阶段，大体可分为五个时期：

一是魏晋隋唐时期（265—907）。由于重视总结临床经验，继承整理发扬《黄帝内经》《伤寒杂病论》等经典医著的理论，出现了众多名医名著，逐渐充实和完善了中医基本理论，并使之系统化、规范化，对后世医学发展有着深远的影响。著名医学家及其代表著作有王叔和的《脉经》、皇甫谧的《针灸甲乙经》、孙思邈的《备急千金要方》。

二是宋金元时期（960—1368）。文化领域的百家争鸣，特别是思想家的革新精神，为中医学理论的创新和发展提供了有利的文化背景，各具特色的医学流派和具有独创见解的医学理论应运而生。特别值得一提的是"金元四大家"，即刘完素（寒凉派）、张从正（攻邪派）、李杲（补土派）、朱震亨（滋阴派）。

三是明清时期（1368—1840）。该时期既有医学理论创新，又有对医学成就和临证经验的综合整理，许多不同类别的医学全书、丛书和类书相继问世，如张介宾的《景岳全书》、李时珍的《本草纲目》。

四是近代时期（1840—1949）。这一时期，西方文化和科技大量传入中国，中西文化出现了大碰撞。由于中西医两种医学体系的长期论争，产生了中西汇通和中医学理论科学化思潮。例如，张锡纯的《医学衷中参西录》，它是中西汇通的代表作，强调从理论到临床都应衷中参西，开中西药并用于临床之先河。

五是现代时期（1949年至今）。《中华人民共和国宪法》和《中华人民共和国中医药条例》先后颁布，强调中西医并重，倡导中西医结合，注重运用传统方法和现代科学方法开展中医药基础理论研究和临床研究，运用哲学、控制论、信息论、系统论、现代实证科学等多学科方法研究中医学，在经络与藏象实质研究方面和对四诊客观化、微观辨证规律的探索及中医证候研究等方面，均取得了较大的进展。

知识名片

"藏象"首见于《素问·六节藏象论》。"藏"指藏于体内的内脏，"象"指表现于外的生理、病理现象。藏象包括各个内脏实体及其生理活动和病理变化表现于外的各种征象。

藏象学说是研究人体各个脏腑的生理功能、病理变化及其相互关系的学说。它是历代医家在医疗实践的基础上，在阴阳五行学说的指导下，概括总结而成的，是中医学理论体系中极其重要的组成部分。

（二）中医学的特征

1. 整体观

中医学从整体性和统一性的观念出发，认为人体是一个有机整体，人与自然之间也是不可分割的，这种机体自身的整体性以及内外环境的统一性思想即整体观念。

中医学认为，人体是一个有机的整体，包括五脏（心、肝、脾、肺、肾）、六腑（小肠、胆、胃、大肠、膀胱、三焦）、形体（脉、筋、肉、皮、骨）、官窍（舌、目、口、鼻、耳、前阴、后阴）等，它们在生理上是互相联系的，在病变时又是相互影响的。

同时，人与自然界也是统一的。人类生活是自然界的组成部分，自然界的运动变化直接或间接地影响着人体，人体也发生着与之相应的变化，这就是机体与环境相统一的"天人合一"观。由于自然界阴阳二气的运动消长，一年四季气候变化的基本规律是春温、夏热、长夏湿、秋燥、冬寒，人体生理也随之做出适应性调节。人体的脉象也有春弦、夏洪、秋浮、冬沉的不同。

2. 辨证论治

"辨证"，就是将四诊（望、闻、问、切）所收集的资料，症状和体征，通过分析综合，辨清疾病的原因、性质、部位以及邪正之间的关系，从而概括、判断为某种性质证候的过程。

"论治"又叫施治，则是根据辨证分析的结果来确定相应的治疗原则和治疗方法。辨证是决定治疗的前提和依据，论治则是治疗疾病的手段和方法。所以辨证论治的过程，实质上是中医学认识疾病和治疗疾病的过程。

（三）中医学的治疗手段和四大经典

中医学的治疗手段包括中药、针灸、拔火罐及四诊（望、闻、问、切）。

中医学的四大经典为《黄帝内经》《难经》《伤寒杂病论》《神农本草经》。

知识链接

洛阳龙门石窟的"药方洞"，保留有北齐时期完整的中医药方118个，治疗的病种达37个。这些药方为中国现存最早的石刻药方。北宋都城开封设有"尚医局""御药院""药密库""太医局""翰林医官院"等机构，设置之全在当时首屈一指。在"医官院"放置的制作精细的"针灸铜人"，成为世界针灸医学发祥地的象征。可以说，中医药文化起源于中原，中医药大师荟萃于中原，中医药文化发达于中原，中医药巨著诞生于中原。

（四）中医学古代名医简介

（1）针灸之祖——黄帝，姓姬，轩辕。黄帝是传说中中原各族的共同领袖。现存《内经》即托名黄帝与岐伯、雷公等讨论医学的著作。

（2）医祖——扁鹊，姓秦，名越人，战国渤海郡郑（今河北任丘）人。《史记·战国策》载有他的传记病案，并推崇其为脉学的倡导者。

（3）神医——华佗，又名敷，字元化，后汉末沛国（今安徽亳州）人。精内、外、妇、儿、针灸各科，对外科尤为擅长。

（4）医圣——张仲景，名机，汉末向阳郡（今河南南阳）人。张仲景的著作《伤寒杂病论》总结了汉代300多年的临床实践经验，对我国医学的发展有重大贡献。

（5）药王——孙思邈，唐朝京兆华原（今陕西耀州）人，医德高尚，医术精湛。孙思邈在数十年的临床实践中，编著成《备急千金要方》和《千金翼方》，晚年还主持并完成了世界上第一部国家药典《唐新本草》，被后人尊称为"药王"。

（6）法医之祖——宋慈，宋朝福建人。1247年总结宋代前法医方面的经验及他本人四任法官的心得，写成《洗冤集录》，这是世界上最早的法医文著。

（7）药圣——李时珍，字东璧，晚年自号濒湖山人，明朝蕲州（今湖北蕲春）人。李时珍著成《本草纲目》，所载药物共1 758种，被译为日、法、德、俄等国文字。

（五）中医学的发展创新

根据《中共中央国务院关于促进中医药传承创新发展的意见》，中医学的发展创新可采取以下措施：

（1）大力发展中医医疗机构。

（2）加强中医药人才培养。

（3）建设信息化中医服务体系，开展"互联网＋中医药健康服务"行动。

（4）发挥中医药在健康中的独特作用。

（5）促进中医药传承与开放创新发展。

（6）加快推进中医药科研和创新。

（7）推动中医药开放发展。

（8）改革完善中医药管理体制机制。

（9）完善投入保障机制。

（10）健全中医药管理体制。

中医学以其独特性根植于中华文化的土壤之中。要传承医学文化，发展中医药事业，就必须把握其本质特点，弘扬中华中医药文化的内涵，使中医文化真正作为国粹不断发扬光大。

> **拓展阅读**
>
> **让传统医学紧密拥抱现代科技——10年来我国中医药科研创新取得重要进展**
>
> 　　建设14个国家重点实验室、2个中医类国家医学临床研究中心、40个国家中医临床研究基地，布局建设175个国家中医药管理局重点研究室……23日举行的国家卫生健康委新闻发布会信息显示，党的十八大以来，党中央、国务院对中医药科技创新的

支持力度稳步增长，传统医学与现代科技结合日益紧密，中医药传承创新发展迎来新机遇。

1. 中医药科研创新成果丰硕

10年来，中医药科技人才队伍建设不断加强，为中医药事业发展提供了有力支撑。国家中医药管理局国际合作司司长吴振斗介绍，国家中医药局打造了15个国家中医药多学科交叉创新团队和20个国家中医药传承创新团队，遴选了149名战略型领军人才岐黄学者、100名青年岐黄学者。

创新为中医药事业发展注入了新的活力。国家中医药管理局科技司司长李昱说，十年来，通过临床和机理研究，中医药在治疗缺血性中风、非小细胞肺癌、糖尿病、慢阻肺等一系列重大疾病、常见多发病方面均取得重要进展，形成了一批中医药特色治疗方案。

"在抗击新冠疫情中，通过科研筛选出'三药三方'，快速建立起第一道防线，为取得抗疫成果发挥了重要作用。"李昱说。

中医基础理论研究取得重要成果，回答了经穴特异性等一批重大中医理论问题，推动建立了中医络病学、中医体质学等新学科，丰富完善了中医学理论体系。

2. 多措并举加强中药质量安全

中药是中医药传承创新发展的物质基础，是中医疗效发挥的重要保障。近年来，我国采取健全完善中药质量标准体系等多项举措加强中药质量管理，中药质量持续提升。

"国家持续加大中药标准研究投入，构建了更加符合中药特点的评价体系，推动完善了2020年版中国药典等国家标准以及相关行业标准。"李昱说。"十三五"期间，我国主导制定颁布了37项中药国际质量标准，促进了中药产业竞争力和行业治理能力的提升。

同时，我国加强中药材源头质量管理，多部门协同配合，多措并举，充分运用第四次全国中药资源普查成果，优化中药材产区布局，建设道地药材良种繁育基地、生态种植基地，促进中药材规范种植和生态种植。

此外，我国深入开展中药安全性研究，阐释中药毒性原理，构建中药临床安全风险评控系统，促进临床用药安全。

针对疾病特定阶段、特定人群，开展中药、中西药联用研究，明确用药指征；成立中国中医药循证医学中心，构建中成药多维度评价技术体系，开展中医药优势病种循证评价；建立完善中药饮片处方专项点评制度……系列举措促进了临床合理用药。

3. 将持续创新融入中医药高质量发展

中医药学是中华文明的瑰宝，传承创新发展中医药是新时代中国特色社会主义事业的重要内容。

主题三 格物致知——科学与技术

深入开展古典医籍精华的梳理和挖掘、加快推进中医学术活态传承、研究制定中医药传统知识保护条例……我国实施一系列中医药古籍保护、研究与利用的重大工程，推动建设中医药传统知识保护数据库和保护制度，进一步完善中医药传统知识保护体系。

"鼓励西医学习中医，多学科交叉融合，把传统的中医药学和现代医学融合在一起，进行科学有效传承。"中国工程院院士、中国中西医结合学会会长陈香美介绍，推进标准化的中西医结合诊疗指南的编制，有利于让更多西医科学运用中医药理论和方药，尤其是中成药，也有利于让更多基层医师提高诊疗水平。

中医药创新离不开人才培养和创新驱动。屠呦呦研究员是老一辈科学家的杰出代表。中国中医科学院副院长杨洪军介绍，中国中医科学院与上海中医药大学联合招收九年制"屠呦呦班"，为培养高层次、复合型人才探索路径；同时，多措并举，筑牢人才培养根基。（资料来源：中国政府网 2022-09-24）

巧夺天工　中国古代技术

中国古代技术源于生活，用于满足生活的各种需要。其主要包括瓷器、四大发明（造纸、印刷、火药、指南针）、纺织、冶铸等，这些中国人引以为豪的发明创造，无不带有鲜明的实用烙印。

一、瓷器

中国是瓷器的发明地和主要产地，素有"瓷之国"的美誉。中国的瓷器不仅是实用的日用器皿，也是价值很高的艺术品。

自汉唐以来，中国的瓷器源源不断地销往国外，其制作技术随之传遍世界各地，受到各国人民的喜爱。

中世纪以来，中国瓷器逐渐发展为集精美工艺与艺术为一体的独特的中国文化之一，并通过陆上和海上丝绸之路传播到世界各地，中国瓷器既促进了本国经济的发展，也影响了国外的制瓷业，为世界文明增添了夺目的篇章。

（一）瓷器的发展历程

1. 南青北白的唐代瓷器

隋唐时期，中国制瓷工艺基本成熟，进入了真正的瓷器时代。特别值得一提的是"南青北白"，"南青"指浙江越窑的青瓷，"北白"系河北邢窑的白瓷。白瓷与青瓷平分秋色，形成了青白两大体系。

> **知识链接**
>
> 瓷器对温度要求高，提高火的温度是瓷器出现的关键。商代中期出现原始瓷器。在烧制中，通过不断改变烧制工艺和控温技术，创造出了原始瓷器。其特点是烧成温度比瓷器低，器物成型多采用泥条盘筑法，器物造型不甚规整，胎体厚薄不均，器表釉层不均匀，釉层较薄，釉色不稳定。
>
> 商代文物青釉瓷尊（郑州出土）是装酒的器物（见图1-81），已基本具备了瓷器的特征，其质地坚硬细腻，敲击声清脆悦耳，胎骨渗水性弱，烧制温度在1 200℃左右。商代、西周和春秋时期原始瓷器的胎质变得更为细腻，铁和钛的含量较低，外表多施青釉，已接近瓷器。
>
>
>
> 图1-81　青釉瓷尊
>
> 到了秦代，原始瓷器的胎质呈现出灰色及深灰色，胎质粗糙，吸水率高，氧化铁的含量较高，多数达不到所需的烧成温度，且含砂粒较多，不及战国时期的细腻、致密。
>
> 隋唐时期，我国制瓷工艺才真正进入瓷器时代。
>
> 需要注意的是，人们常说的陶瓷是陶和瓷的合称，陶和瓷是两个不同的概念，具体区别如下：
>
> 第一，胎土原料不同。陶器一般是用陶土做胎，瓷器以瓷土（高岭土）做胎，二者所含的矿物成分不同。
>
> 第二，上釉不同。陶器表面一般不施釉，吸水性强、透气性强；瓷器一般施有高温釉，使表面致密化，强度、硬度大幅提高，吸水率低于1%。
>
> 第三，烧结温度不同。陶器的烧结温度一般在700~800℃，工艺简单；瓷器的烧结温度一般为1 200~1 400℃，且工艺更为复杂。

越窑是我国古代著名的青瓷窑系，最早的青瓷器在其龙泉窑里烧制成功，因此，越窑青瓷被称为"母亲瓷"，具有胎壁薄、施釉均匀、青翠莹润的特点。

秘色瓷是越窑青瓷中的特制瓷器，也是越窑青瓷中最优质的瓷器。

秘色瓷烧造决定于瓷土、釉色和温度。秘色瓷釉中相当部分的氧化铁被还原，釉色就呈现为较纯净的青色；反之，还原气氛弱，釉中相当部分的铁仍保持氧化状态，釉色就表现为青中泛黄的色调。

从陕西法门寺地宫出土的唐代秘色瓷（见图 1-82）来看，其胎体细腻，造型工整，釉色温润如玉、轻薄雅致，印证了唐代青釉瓷器的技术达到了很高水平。

越窑生产了很多的生活器皿，繁多的制瓷品种反映了唐代社会的繁荣。越窑持续烧制了 1 000 多年，于北宋末、南宋初停烧，是我国持续时间最长、影响深远的窑系。

图 1-82　唐代秘色瓷葵口碗

邢窑在河北省内丘县。北方瓷以素面白瓷为主，经过长期改进，邢窑白瓷似雪如玉，器内施满釉，器外釉不足，胎质细腻、胎体坚实、釉色饱满、透光性好、有玉质感，器物表面没有纹理。邢窑透影白瓷如图 1-83 所示。唐代后期，因原料殆尽，邢窑迅速衰落。

图 1-83　透影白瓷

2. 独具风格的宋代瓷器

宋瓷在审美上更加注重淡雅和余韵；在艺术表现上更加严肃、典雅、朴素、简约，强调自然韵味，追求自然之美，器型基调简洁醇厚。

宋瓷以青瓷、白瓷为主，也发展了釉下彩绘瓷、彩釉瓷，各具风格。

宋朝社会经济和贸易发展繁荣，是瓷器制作的前锋时期，名窑遍布中原和江南各地，出现了"官、汝、哥、钧、定"五大名窑，在我国陶瓷历史上做出了杰出贡献。

（1）官窑，即官府经营的窑厂和曾为宫廷做过贡瓷的民窑，集中了宋代瓷器之大成。

官窑原料精密讲究，用料选上等瓷土、优秀匠师、先进工艺，在窑口的设计上更加科学，出窑工序严格；在器型、纹饰上均有严格的礼仪规定，等级森严；在釉色的运用上多以青色为主，追求如玉般的质感。

官窑的特点是瓷器胎质细腻，釉面莹润光泽，有玉的质感。釉面有粉青、翠青、灰青、米黄等多种，其中粉青色最佳。官窑方瓶如图 1-84 所示。

（2）汝窑，宋代五大名窑之首，因地处汝州而得名，在中国陶瓷史上素有"汝窑为魁"之称。

北宋后期汝窑专为宫廷烧制御瓷，名为"汝官瓷"。

图 1-84　官窑方瓶

汝瓷胎质细腻，技术考究，釉色温润纯净、素静典雅。胎为灰白色，深浅有别，像香燃烧后的灰色，俗称"香灰胎"。釉面开片较细密，多呈斜裂开片，深浅相互交织叠错，呈蝉翼纹状。

汝瓷（见图1-85）主要继承了南方越窑的青瓷釉色、定窑的印花技术，大气、古朴，象征纯洁、平安、富贵。

图1-85　汝窑瓷器

（3）哥窑，金丝铁线是对哥窑瓷器精简的、独一无二的形容。

哥窑瓷器的特点是釉层较厚，光泽柔和，釉色有米白、淡白、米黄、粉青、灰青、灰绿、奶酪黄等。

哥窑釉面开片平整紧密，片纹裂开成上紧下宽状；黑色纹片中有时闪蓝色，一般都有两种纹路，即较粗疏的黑色纹交织着细密的红、黄色裂纹；造型上有各式瓶、炉、洗、盘、罐等。图1-86为哥窑贯耳瓶。

图1-86　哥窑贯耳瓶

（4）钧窑，鼎盛于北宋晚期，窑址在今河南省禹州市。钧窑在宋代五大名窑中以"釉具五色，艳丽绝伦"而独树一帜。

钧瓷以窑变釉为主，以天青、月白等素雅的颜色为底釉，由于原料中有铜元素，经过烧制呈绿或紫红斑，打破了青瓷的单调形式，形成了如晚霞般的窑变之美。窑变的花釉一般以玫瑰紫（见图1-87）、海棠红、天青、月白等为主，其特点是釉色灵活，有变化微妙、巧夺天工之美。

钧窑利用铁、铜呈色的不同特点，烧出蓝中带红、紫斑或纯天青、纯月白等多种釉色，以蛋白石光泽的青色为基调，具有乳浊而不透明的效果。釉面上常出现不规则的流动状的细线，称"蚯蚓走泥纹"。

（5）定窑，建于晚唐和五代，兴于宋，失于元，窑址在河北省曲阳县。

定窑是在唐代邢窑白瓷的基础上发展起来的，以烧白瓷为主，釉色洁白细腻，造型简约，优美典雅。白釉装饰有刻花、划花与印花三种，兼烧黑釉、绿釉、紫色釉、彩色釉等，根据颜色的不同，被后人定名为红定、黑定、绿定。无论是白定、

图1-87　钧窑窑变釉玫瑰紫瓶

红定还是黑定，釉色都是光亮照人，清亮透明，有玻璃反光。图 1-88 为定窑瓷器。

北宋中期，为了提高产量和质量，定窑采取覆烧的方式，口沿无釉，但也形成了自身的特征。

3. 缤纷多彩的元代瓷器

元代瓷器以"类冰似玉"为主，以素面、贴塑等装饰手法为辅，彩绘装饰退居其次。到了元代中后期才真正掌握了用钴料在瓷胎上进行彩绘，并成功地创烧了青花瓷。

图 1-88　定窑瓷器

> **知识链接**
>
> 青花瓷又称白地青花瓷，简称青花，是中国瓷器的主流品种之一，也是江西独有的特色文化。青花瓷起始于唐宋，成熟于元代。工匠在陶瓷坯体上描绘纹饰，再涂上一层透明釉，经 1 300℃高温一次烧成，它是釉下彩瓷的一种，也是中国陶瓷装饰中较早发明的方法之一。
>
> 元代青花瓷一改唐代和宋代黄釉色的特征，摆脱了黄色干扰，成为青白釉青花瓷，之后还有白釉、卵白釉，各具特色。

图 1-89　元青花

元青花（见图 1-89）体型较大，出现了直径近 60 厘米的大盘和高达 70 厘米的大瓶。其特点是胎体较白，粗糙和不吸水，高温而不变形；绘画挥洒自如、不究细节，为后世青花所不能及。

元青花纹饰可谓繁而不缛、多而不乱、密而不匝，以人物故事图居多，有"西厢记""昭君出塞""百花亭"等 14 种。

4. 千姿百态的明代瓷器

明代是我国瓷器发展的一个非常重要的时期，这一时期的制瓷业以其突出的贡献，在我国陶瓷史上占有显著的地位。

明代江西景德镇的瓷器烧造技术在宋、元的基础上又有很大提高，制瓷工艺得到了全面的发展。

明代初期，虽然也还有一些瓷窑在生产，但瓷器的品质和数量都无法和景德镇陶瓷相抗衡；明代中期，景德镇的瓷器几乎占据了全国的主要市场，而宫廷所用的瓷制品也几乎由景德镇供应；明代后期，随着制瓷业中资本主义因素的发展、民营窑场的激增、制瓷工匠的集中和瓷商的汇集，嘉靖二十一年（1542）在景德镇从事瓷业的，包括工场主和雇工的人数，已达 10 万余人。

明代景德镇的瓷器，以官窑制品为主，生产规模和工艺水平远超过以前各代。按制瓷工艺分，有釉下彩、釉上彩、斗彩和颜色釉四大类。以成化斗彩为代表的彩瓷，是我国制瓷史上的杰作；永乐、宣德年间铜红釉和其他单色釉的烧制成功，则表明了当时制瓷工匠的高超技术水准。

其中，彩瓷（见图 1-90）也称"彩绘瓷"，是汉代传统名瓷之一，是在器物表面加以彩绘的瓷器。彩瓷主要有釉下彩瓷和釉上彩瓷两大类，釉下彩始于三国时期东吴釉下彩绘瓷。唐代有唐青花，以及长沙窑等釉下彩绘瓷。明清时期开始出现釉上彩（粉彩），也是彩瓷发展的盛期，以景德镇窑成就最为突出。

明代的青花瓷（见图 1-91），装饰线条强劲有力，一反元代厚重之感，更加清新雅致。青花瓷胎质细腻洁白，质地精良，釉层饱满。在制瓷技术方面也有新的突破，陶车旋刀取代了竹刀旋坯，并开始运用吹釉技术，瓷器的质量与数量由此迅猛提高。

图 1-90　彩瓷

图 1-91　明代青花瓷罐

明代瓷器装饰手法已从元以前的刻、划、印、塑等转为彩绘为主要手法。绘画纹饰的内容更加复杂多样，植物、动物、文字、山水、人物等无不入画。明代早期，瓷器的装饰方法以写意画为主，画风自由、奔放、洒脱；明代后期，以写实为主，瓷器的装饰方法画面抒情达意，简约轻快，极有漫画趣味。

5. 争奇斗艳的清代瓷器

清代是中国瓷器发展史上的顶峰，中国瓷器在此时期达到了前所未有的高度，至今对中国瓷业仍然有着重大影响。

清代瓷器（见图 1-92）釉上五彩因发明釉上蓝彩和墨彩，纹样清新，着色鲜明；斗彩的品种也比明代的多。清代瓷器的釉面一般都是很薄的一层，颜色为白中泛青或是青中泛白。

清代传入中国的西方艺术对制瓷工艺产生了一定的影响，很多瓷器的图案纹饰带有西方绘画的风格特点。瓷器的纹饰图案也受到了同时期绘画的影响，官窑瓷器的图案趋于规范化，内容丰

图 1-92　清代瓷瓶

富、注重细节；民窑瓷器的图案有写实的也有虚幻的意境，取材广泛，用笔豪放。

具体来说，顺治、康熙时期生产的瓷器丰满、大气、古拙，雍正时期生产的瓷器秀巧隽永，乾隆时期生产的瓷器则造型规整、纹饰华丽繁缛，清代晚期瓷器发展走向衰落。因此，嘉庆、道光时期以后出产的瓷器显得非常粗重、笨拙。

（二）瓷器的发展创新

随着国民素质和经济收入的不断提高，人们的生活品质和审美能力也在不断提高，陶瓷制品已被当作艺术品，传统的陶瓷制品样式已经不能满足现代人的追求。因此，陶瓷制品应当向造型异形化、装饰艺术多样化、人性化、高度技术化、主题鲜明化的方向发展。具体来说，我国瓷器可在以下方面发展创新：

（1）以计算机为代表的高新技术应用将不断推动陶瓷工业生产机械化、自动化和智能化。

（2）隧道窑向宽体、扁平、装配式和低能耗方向发展。

（3）产品结构由中低档为主向高中低档全面发展，产品多功能化。

（4）在各道生产工序中，原料加工精度控制、微波注浆、无铅镉溶出生产技术、釉中彩技术等均是发展的重点和方向。

（5）在新产品研发上，高技术多功能陶瓷，如耐热陶瓷、抗菌陶瓷、环保陶瓷、航空航天陶瓷等市场高速增长，同时纳米材料、精细化工材料等应用材料的发展也将推动高技术陶瓷的发展。

小组活动

瓷房子位于天津市和平区赤峰道72号，它是一幢举世无双的建筑，它的前身是历经百年的法式老洋楼，它的今生是极尽奢华的"瓷美楼奇"。据统计，瓷房子先后用去7亿多片古瓷片、13 000多个古瓷瓶和4 000多个古瓷盘碗，对一座法式小楼进行装饰改造，这里可以见到中国各朝各代窑址中的瓷片。

搜索瓷房子的图片或实地游学，根据本节相关知识分析房子突出的中国文化，感受中国瓷器的魅力。

二、丝绸

丝绸是中国古老文化的象征，对促进人类文明的发展做出了不可磨灭的贡献。中国丝绸以其卓越的品质、精美的花色和丰富的文化内涵闻名于世。

知识链接

丝绸是一种纺织品，用蚕丝或合成纤维、人造纤维、短丝等织成。其工艺包括缫丝（见图1-93）、织造、染整等。

在古代，丝绸就是以桑蚕丝为主织造的纺织品。现代由于纺织品原料的扩展，凡是经线采用了人造或天然长丝纤维织造的纺织品，都可以称为广义的丝绸。而纯桑蚕丝所织造的丝绸，又特别称为"真丝绸"。

图1-93　缫丝

丝绸从远古时期的初期发展，经历了商周、秦汉、魏晋、隋唐、宋、元、明、清各个发展阶段，从萌芽走向成熟，发展至高潮，又在晚清苛捐杂税和洋绸倾销的双重打击下陷入低迷。

随着丝绸技艺的不断发展，它的作用和价值越来越大，如在很长一段时间里充当货币，促进纺织业的发展及民俗文化的衍生，与之相关的文化也应运而生。其中"四大名绣"和"三大名锦"流传至今、经久不衰，深受人们的喜爱和推崇。

1. 四大名绣

（1）苏绣。苏绣（见图1-94）是以苏州为中心包括江苏地区刺绣产品的总称。苏绣的发源地在苏州吴县一带。在长期的历史发展过程中，苏绣在艺术上形成了图案秀丽、色彩和谐、线条明快、针法活泼、绣工精细的地方风格，被誉为"东方明珠"。

图1-94　苏绣

苏绣是刺绣工艺中的一种，而刺绣传说来源于仲雍的孙女"女红"首制绣衣。古代江南地区百姓有把蛟龙文在身上的习俗，仲雍做了吴国君主，想破除这种陋习，孙女女红想到了把蛟龙的图案绣在衣服上以替代文身的办法。为了纪念刺绣的发明者，民间至今仍将妇女从事纺织、缝纫、刺绣等活动称为"女红"。

从欣赏的角度来看，苏绣作品的主要艺术特点为：山水能分远近之趣，楼阁具现深邃之体，人物能有瞻眺生动之情，花鸟能极绰约亲昵之态。苏绣的仿画绣、写真绣，其逼真的艺术效果是名满天下的。

在刺绣的技艺上，苏绣大多以套针为主，绣线套接不露针迹，常用三四种不同的同类色线或邻近色相配，套绣出晕染自如的色彩效果。同时，在表现物象时善留"水路"，即在物象的深浅变化中，空留一线，使之层次分明，花样轮廓齐整。因此人们在评价苏绣时往往以"平、齐、细、密、匀、顺、和、光"八个字概括。

（2）湘绣。湘绣是以湖南长沙为中心的刺绣产品的总称。湘绣是用丝绒线（无捻绒线）绣花，其实是将绒丝在溶液中进行处理，防止起毛，这种绣品当地称作"羊毛细绣"。

湘绣（见图1-95）构图严谨，色彩鲜明，各种针法富于表现力，通过丰富的色线和千变万化的针法，使绣出的人物、动物、山水、花鸟等具有特殊的艺术效果。在湘绣中，无论平绣、织绣、网绣、结绣、打子绣、剪绒绣、立体绣、双面绣、乱针绣等，都注重刻画物象的外形和内质，即使一鳞一爪、一瓣一叶之微也一丝不苟。

图1-95　湘绣

湘绣也多以国画为题材，形态生动逼真，风格豪放，曾有"绣花花生香，绣鸟能听声，绣虎能奔跑，绣人能传神"的美誉。湘绣人文画的配色特点以深浅灰和黑白为主，素雅如水墨画；湘绣日用品的色彩艳丽，图案纹饰的装饰性较强。

（3）粤绣。粤绣（见图1-96）是广东刺绣艺术的总称，包括以广州为中心的"广绣"和以潮州为代表的"潮绣"两大流派。先前绣工大多是广州、潮州男子，世所罕见。粤绣始于唐代，明中后期形成特色，清代由广州港出口名扬国外。

粤绣技艺精湛，构图装饰性强，色彩浓郁鲜艳，绣绒平整光亮，文理清晰，绒条洒脱。

（4）蜀绣。蜀绣（见图1-97）也称"川绣"，是以成都为中心的四川刺绣产品的总称，历史悠久。

蜀绣用针工整、平齐光亮、丝路清晰、不加代笔，花纹边缘如同刀切一般过于齐整，色彩鲜丽。

图1-96　粤绣

图1-97　蜀绣

蜀绣的纯观赏品相对较少，以日用品居多，取材多数是花鸟虫鱼、民间吉语和传统纹饰等，颇具喜庆色彩，绣制在被面、枕套、衣、鞋及画屏上。

2. 三大名锦

（1）云锦。云锦（见图1-98）一般指南京云锦，是在南京生产的一种提花丝织工艺品，织造精细、图案精美、锦纹绚丽多姿，有"寸锦寸金"之称。

云锦主要的特点是逐花异色，从不同角度观察，绣品上花卉的色彩各异。

云锦的历史可追溯至宋代，因色泽光丽灿烂，状如天上云彩，故而得名；流行于明清时期，

图1-98 云锦

元、明、清三朝均为皇家御用贡品，被称作中国古代织锦工艺史上最后一座里程碑。2006年，云锦木机妆花手工织造技术经国务院批准被列入第一批国家级非物质文化遗产名录；2009年9月，入选联合国人类非物质文化遗产代表作名录。

（2）蜀锦。蜀锦（见图1-99）原指四川生产的彩锦，后成为织法似蜀锦的各地所产之锦的通称。

蜀锦有2 000年的历史，多以染色的熟丝线织成，经线起花，运用彩条起彩或彩条添花，以几何图案组织和纹饰相结合的方法织成，四方连续，色调鲜艳，对比性强，是一种具有汉民族特色和地方风格的多彩织锦。

蜀锦图案取材广泛，如神话传说、历史故事、吉祥铭文、山水人物、花鸟禽兽等。大多以经线彩色起彩，彩条添花，经纬起花，先彩条后锦群，方形、条形、几何骨架添花，纹样对称。

2006年，蜀锦织造技艺经国务院批准被列入第一批国家级非物质文化遗产名录。

（3）宋锦。宋锦（见图1-100）起源于宋末，在唐代蜀锦的基础上发展而来，主要产地在苏州。

宋锦纹样组织精密细致，质地坚柔；图案花纹对称严谨而有变化，丰富而流畅；色彩运用艳而不火，繁而不乱；制作工艺以经线和纬线同时显花为主要特征。

图1-99 蜀锦

图1-100 宋锦

宋锦实用性非常强，质地柔软坚固，图案精美，耐磨且可以反复洗涤，适用性非常广泛。

2006年，宋锦被列入第一批国家级非物质文化遗产名录。

三、四大发明

中国古代四大发明为火药、指南针、造纸术和印刷术。

1. 火药

火药是人们长期炼丹、制药的实践结果，至今已1 000多年历史。

> **知识链接**
>
> 炼丹术起源很早，《战国策》中已有方士向荆王献不死之药的记载。炼丹术中很重要的一种方法就是"火法炼丹"，它直接与火药的发明有关系。炼丹家的虔诚和寻找长生不老之药的挫折，使炼丹家不得不反复试验和寻找新的方法，这样就为火药的发明创造了条件。
>
> 炼丹家在反复试验的过程中已知晓硫、硝、碳混合点火会发生激烈的反应，并采取措施控制反应速度，但是因药物"伏火"而引起丹房失火的事故时有发生。《太平广记》中有一个故事，说的是隋朝初年，有一个叫杜春子的人去拜访一位炼丹老人，当晚住在那里。半夜杜春子梦中惊醒，看见炼丹炉内有"紫烟穿屋上"，顿时屋子燃烧起来，这可能是炼丹家在配制易燃药物时因疏忽而引起的火灾，这说明唐代的炼丹者已经掌握了一个很重要的经验，就是硫、硝、碳三种物质可以构成一种极易燃烧的药，这种药被称为"着火的药"，即火药。
>
> 由于火药的发明来自制丹配药的过程，在火药发明之后，曾被当作药类。《本草纲目》中就提到火药能治疮癣、杀虫，辟湿气、瘟疫。可见，火药最初的使用并非在军事上。除被当作药类外，火药还用于杂技等演出中，如宋代诸军马戏的杂技演出，以及木偶戏中的烟火杂技，宋代演出"抱锣""硬鬼""哑艺剧"等杂技节目，都运用刚刚兴起的火药制品"爆仗"和"吐火"等，以制造神秘气氛。宋人还用火药表演幻术，如喷出烟火云雾以遁人、变物等，以收神奇迷离之效。

唐朝末年，火药已被用于军事领域。唐朝出现了一种叫作火箭的武器，它是在箭头上绑一些像油脂、松香、硫黄之类的易燃物质，点燃后用弓射出去，用于烧毁敌人的阵地。

北宋政府建立了火药作坊，先后制造了火药箭、火炮等以燃烧性能为主的武器和霹雳炮、震天雷等爆炸性较强的武器。南宋时出现了管状武器，1132年德安（今湖北安陆）

知府陈规发明了长竹竿火枪,1259年寿春地区有人制成了突火枪,开始用管状火器发射弹丸。现代枪炮就是由管状火器逐步发展起来的,所以管状火器的发明是武器史上的又一大飞跃。

元代出现了铜铸火铳,称为"铜将军"。

明代发明了多种"多发火箭",如同时发射10支箭的"火弩流星箭",发射32支箭的"一窝蜂",最多可发射100支箭的"百虎齐奔箭",等等。这是世界上最早的多发齐射火箭,堪称现代多管火箭炮的鼻祖。

2. 指南针

指南针是用以判别方位的一种简单仪器,前身是司南,主要组成部分是一根装在轴上可以自由转动的磁针,它的发明对人类的科学技术和文明的发展,起到了不可估量的作用。

中国是世界上公认发明指南针的国家。物理上指示方向的指南针有三类,分别是司南、罗盘和磁针,均属于中国的发明。

指南针是由司南演变而来的。司南是最早的磁性指向器。"司南"之称,始于战国(前475—前221),终止于唐代(618—907)。唐代以后,"司南"一词完全为"指南"所取代。

图1-101　司南(磁勺)

磁勺是一种天然磁石琢成的勺形指向器,当它被发现的时候,其状取法北斗七星,名称则沿用"司南"(见图1-101)。除了磁勺,司南还是指南车、指南舟和报时刻漏的代称。

唐朝时,出现了指南铁鱼或者蝌蚪形铁质指向器及水浮磁针。

磁针问世后,先后用于堪舆和航海。为了使用方便,读数容易,加上磁偏角的发现,对指南针的使用技巧提出了更高的要求,方家首先将磁针与分度盘相配合,创制了新一代指南针——罗盘,古称"地螺"或"地罗"。

3. 造纸术

造纸术诞生于汉代,在魏晋南北朝时期得到广泛应用,开始取代简牍和帛书,并在隋唐宋元和明清时期达到顶峰。

与其他书写材料相比,纸表面平滑,便于裁剪,柔软耐折,便于携带与存放,易于保存,用途广泛。这些优点使得纸一经发明,便经久不衰。

造纸术的发明使得造纸材料简单易得,纸张成本低且便于携带,使书籍使用起来更加方便,价格也更加低廉,进而促进了文化的交流与传播,是中华民族对世界文明的巨大贡献,是人类文明史上的一项杰出的发明创造。造纸术的发明与改进是对书写材料的一次伟

主题三　格物致知——科学与技术

大革命，推动了中国、阿拉伯、欧洲乃至整个世界的文化发展。

根据考古发现，我国在西汉时期已经有了麻质纤维纸，比较粗糙，不便书写，且数量少，成本高，不普及。

蔡伦（见图1-102）在总结前人造纸经验的基础上改进了工艺流程，并在造纸原料中使用了树皮（特别是楮皮）、渔网，扩大了原料来源，促进了纸产量的大幅上升，推广了纸的使用。

魏晋南北朝时期，纸的品种、产量、质量都有增加和提高，造纸原料来源更广，如麻、构皮、桑皮、藤纤维、稻草等。

隋唐五代时期，我国的造纸业有了更大的发展，除了麻纸、楮皮纸、桑皮纸、藤纸，还出现了檀皮纸、瑞香皮纸、稻麦秆纸和新式的竹纸。

图1-102　蔡伦

宋代竹纸发展很快，后期的市场上十之七八是竹纸。在工艺上宋代竹纸大多无漂白工序，纸为原料本色，除色黄之外，竹纸也有性脆的缺点。

元明时期竹纸的兴盛创造了历史新篇章，尤以福建发展最突出，使用了"熟料"生产及天然漂白技术，使竹纸质量大有改进。

清代由于造纸业的大发展，麻及树皮等传统造纸原料已不能满足需要，竹纸在清代占了主导地位，其他草浆也有发展，河南、山东、山西等地有人用麦草、蒲草，陕西、甘肃、宁夏有人用马莲草，西北用芨芨草，东北用乌拉草。我国用蔗渣造纸始于清末，清代草浆生产技术有了很大进步，用仿竹浆、皮浆的精制方法制取漂白草浆。我国在清末民初逐渐出现了机械化的造纸厂，木材和非木材原料均有使用。

小组活动

随着人们环保意识的增强，以及各行业对办公模式需求的不断升级，现代化、信息化建设步伐的加快，无纸化办公已经由概念逐渐应用到多个行业领域中，电子设备的应用也改变着如今的课堂形式。请结合时代背景及自身经验，讨论电子设备、电子教材能否完全取代纸张，如何在保护环境的前提下发挥纸张的作用。

4. 印刷术

印刷术起源于印章与碑拓，在隋唐时期出现了雕版印刷；到了宋代，印刷术更加趋于成熟，北宋的毕昇（见图1-103）发明了活字印刷术。

活字印刷术具有方便灵活、省时、省力的特点，是古代印刷术的重大突破，给人类的发展献上了一份厚礼。活字印刷泥活字版如图1-104所示。

图1-103　毕昇

图1-104　活字印刷泥活字版

印刷术的发明是印刷史上的一次革新，为书籍印制提供了全新方式，有力地推动了人类知识的留存和各类印刷品的传播，使有用的知识不胫而走，珍贵的典籍千载流传，使人类文化有了长足的进步。

小组活动

查阅资料，了解我国印刷术的起源和发展。

思考与实践

丝绸促进了民俗文化的衍生，众多有关丝绸文化的歌谣（如《丝绸谣》）、谚语、方言俗语，是历史的活化，积淀了浓郁的民俗色彩，许多岁时习俗、社会习俗和人生礼仪习俗都与丝绸文化有关。丝绸文化已深入文化生活的方方面面，对人们的审美情趣产生了很大影响，促进了工艺美术的发展，进而影响着其他的艺术，甚至促进了一些新的艺术门类的产生。

请搜集整理与丝绸有关的民俗文化，制作PPT，向全班同学推介，共同感受丝绸的独特魅力，促进其传播和弘扬。

模块二
社会与生活

主题一

治国有常——中国传统社会制度

为政之要　中国传统政治制度

中国传统政治制度大体可分为基本制度、中央行政制度、地方行政制度、监察制度等。其中，基本制度为专制主义中央集权制度；中央行政制度包括三公九卿制、三省六部制等；地方行政制度包括分封制、郡县制、郡国并行制、行省制、八旗制等。

一、专制主义中央集权制度

根据中央集权的强弱，专制主义中央集权制度可分为四个阶段，即先秦时期的贵族君主制、秦朝至南北朝时期的君主丞相制、隋朝至元朝时期的君主宰辅制和明清时期的绝对君主制。

具体来说，专制主义中央集权制度萌芽于战国、建立于秦朝、巩固于西汉、完善于隋唐、加强于北宋、发展于元朝、强化于明清、结束于1912年。

战国时期，韩非子提出建立封建专制主义中央集权的君主专制国家，秦国商鞅变法，规定废分封、行县制，实行中央集权制度。

秦朝时，秦始皇统一六国，自称"始皇帝"，确立皇帝制、三公九卿制、郡县制，颁布秦律；统一度量衡、货币和文字；焚书坑儒，加强思想控制；以法为教，以吏为师。这些措施把专制主义的决策方式和中央集权的政治制度有机结合起来了。

主题一 治国有常——中国传统社会制度

西汉时，统治者实行刺史制度，颁布"推恩令"和"附益之法"，解决诸侯国问题，重新加强了中央对地方的直接统治；"罢黜百家，独尊儒术"，将儒家思想改造为适应封建专制主义中央集权需要的指导思想。

隋唐时期，统治者实行三省六部制，使封建官僚机构形成完整严密的体系，削弱了相权，加强了皇权；创立和完善了科举制，扩大了官吏的来源，使官员选拔规范化、制度化；调整和健全了府兵制。

北宋时，统治者实行"强干弱枝"政策，集中军权——解除朝中大将和地方节度使的兵权，设三衙统领禁军并与枢密院互相牵制。集中行政权——设参知政事、枢密使、三司使分割宰相的政、军、财权；派文官做知州，与通判互相牵制。集中财权——在各路设转运使，管理地方财政。集中司法权——中央派文官担任地方司法人员。通过以上措施，皇帝在中央分权的基础上实行地方分权，掌握了从中央到地方的军事、行政、财政和司法等大权，铲除了封建藩镇割据的基础。

知识链接

宋代掌管禁军的机构有殿前司、侍卫亲军马军都指挥使司、侍卫亲军步军都指挥使司，它们合称"三衙"。三衙的长官分别称为殿帅、马帅、步帅，合称"三帅"。

唐后期，习惯称藩镇的亲兵为牙（衙）兵，五代至宋的皇帝多半是由藩镇而夺得帝位，故相沿称为三衙。

元朝时，中央健全了中央官制，设中书省、枢密院和御史台，分管行政、军事和监察事务；设宣政院，统领宗教事务和管辖西藏地区，建立了中央政府对边疆地区的直接管理制度。在地方实行行省制度，使地方行政体系有了重大发展。

明清时期，明初废丞相，权分六部，地方实行三司分权，改大都督府为五军都督府，分离统兵权和调兵权，制定《大明律》，设厂卫特务机构；实行"八股取士"。清朝沿用明朝的制度，增设军机处，大兴"文字狱"，强化专制主义中央集权。在这一时期，专制主义中央集权制度达到顶峰。

1912年，辛亥革命推翻了清朝统治，结束了中国2 000多年的封建君主专制制度。

二、三公九卿制、三省六部制和八旗制

（一）三公九卿制

三公九卿制是秦朝的中央行政制度。在这个制度中，中央设三公，即丞相、太尉和御史大夫（见图2-1）。

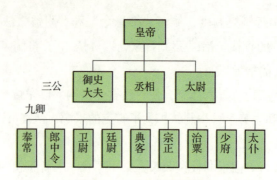

图 2-1 三公九卿制结构

丞相是最高的行政官,通常设左、右丞相两名,有时只设一名丞相,即独相,帮助皇帝处理全国的政事,依照秦朝律法,出任丞相的人均受封侯爵。

太尉负责管理军事,但由于秦朝当时实行中央集权,军队实际上由皇帝亲自掌控,所以并没有任命太尉。

御史大夫执掌群臣奏章,下达皇帝诏令,监察百官,是中国古代监察官制度的发端。

三公以下是执行具体政务的九卿,即奉常、郎中令、卫尉、廷尉、典客、宗正、治粟、少府、太仆。

奉常掌管宗庙礼仪,下有太乐、太祝、太宰、太医、太史、太卜等属官。

郎中令掌管警卫,属官有大夫、谒者、诸郎、期门、羽林等。

卫尉掌管皇宫保卫,属官有公车司马令和卫士令。

廷尉掌管司法诉讼。

典客掌管外交事宜。

宗正掌管皇室内部事务。

治粟内史掌管国库财政税收,属官有太仓令和平准令。

少府服务皇室,管理皇帝私产。

太仆掌管宫廷车马。

除三公九卿外,秦朝还设有管理京师治安消防的中尉、负责皇宫等公共建筑事务的将作少府、专门召抚西南诸夷的典属国、统领太子宫事宜的詹事、为皇后服务的皇后诸卿等。

(二)三省六部制

三省六部制(见图2-2)是君主宰辅制的主要形式,并在君主绝对专制的明、清两朝依然被有选择地沿用。三省是中央最高政府行政机构。

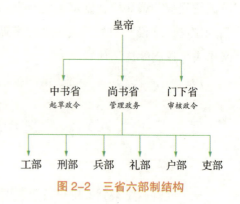

图 2-2 三省六部制结构

三省六部制在不同朝代具体设置略有变化，唐朝的三省六部制大体如下：

中书省负责草拟和颁发皇帝诏令，其长官为中书令，设6名既有政治才干又有文学才能的中书舍人负责诏令起草工作，2名起居舍人记录皇帝的言行和诏令内容，若干通事舍人负责传达诏令等。

门下省负责审核政令、纠核奏章，拥有封驳即封还和驳正的权力，其长官为侍中，设4名给事中负责封驳，2名起居郎负责朝廷政事和昭令的记录整理，若干课官负责对朝廷各项决策进行评论。

尚书省负责执行国家重要政令，"掌举诸司之纲纪，与其百僚之程式"，地位很高，有"尚书省，事无不总"之说法，其长官为尚书令，副长官为左、右仆射。

六部即吏、户、礼、兵、刑、工六部，是尚书省的下设机构。吏部负责官吏的任免、考核等；户部负责土地、户籍、赋税等；礼部负责国家法度、祭祖、接待等；兵部负责武将选用、军械等；刑部负责法律、刑狱等；工部负责山泽、工程等。

"中书取旨，门下封驳，尚书奉而行之"，三省彼此相互监督和牵制，把原本的相权一分为三，避免了权臣专政；六部职责分工明确，又有合作。三省六部制使封建官僚机构形成一个严密完整的体系，有力地提高了行政效率，加强了中央的统治力量。

（三）八旗制

八旗制度是清朝的基本统治制度。八旗制度最初源于女真人的狩猎和对外战争时的临时性军事组织牛录制。1601年，努尔哈赤整顿编制，明确每300人为一牛录，首领称为牛录额真，牛录之上的单位称为甲喇，甲喇之上称为固山，固山的汉语为旗。初置黄、白、红、蓝四色旗，编成四旗，1615年增设镶黄、镶白、镶红、镶蓝四旗，八旗制度确立。随着清朝实力不断壮大，每旗内部又编制了蒙古八旗和汉军八旗，八旗制度臻于完善。

八旗中的正黄、镶黄、正白三旗由皇帝直接统领，其他六旗分别由其他皇族统领，于是形成了上三旗与下五旗。

为加强军事防御，清朝令八旗兵在京师与全国的军事要地驻防，驻扎京城的八旗被称为京旗，其余的被称为驻防八旗。至18世纪中叶，驻防八旗在驻防地繁衍生息，实行永久性的驻扎。

劝课农桑　中国传统经济制度

农业是中国传统经济制度的基础，土地制度、户籍制度、赋税徭役制度构成了中国古代不同时期的经济制度体系。

一、先秦时期

这一时期，土地从公有到国有，并产生了相应的劳役制度。

原始社会末期，家庭成为基本生产单位以后，公社首领从侵占公田上的收获或让公社成员代为耕种土地，逐渐形成经常性、普遍性的贡献，进而形成租税。

春秋时期以前，天子、诸侯等统治阶级拥有土地世袭所有权，实行租和税合为一体的贡、助、彻之制。

关于周朝的租税，《孟子》记载"周人百亩而彻""虽周亦助也"，"彻"是一种类似"助"的制度。孟子鉴于周朝国人服兵役，野人不服兵役，提出"国中什一使自赋""野九一而助"，即在"国人"地区，分给每家100亩土地，收其十分之一的收益作为军赋；在"野人"地区，分给每家100亩土地，"八家同井"，共同参与其中的100亩公田的耕作，公田收获就作为租税。

西周后期，由于"民不肯尽力于公田"，租税制度取代了公田制度。《周礼》记载，"井牧其田野，九夫为井"，"八家同井"变为"九夫为井"，废除了其中的公田，改为"履亩而税"。

西周以后对关市及山林川泽开始征收实物税。关市之赋主要用于王之膳服或供养食客，山泽之赋主要用于丧事。

春秋战国时期在保持井田的形式下，进行了履亩而税的改革，齐桓公采纳管仲的建议，首先改革租税制度，取消公田，根据土地的丰饶和贫瘠及年岁的收获情况来征收田税。《春秋》记载，宣公十五年（前594），鲁国"初税亩"实行了"履亩而税"的改革。

春秋时期，逐渐实行谷禄制。按官职、地位授予相应数量的谷物作为俸禄，如孔子在鲁国"奉（俸）粟六万"。到战国时期，谷禄制普遍施行，如秦国的官俸有50石（1石为10斗，约50千克）、100石以上至500石、600石以上等级别，楚国用"担"（一担等于50千克）来计算官禄。战国时期的王室勋贵除了领取官职俸禄外还有封邑，享有封邑的租税，并不占有土地、人民，如孟尝君担任齐国相国，继承其父封地，"封万户于薛"；吕不韦为秦国相邦，封文信侯，"食洛阳十万户"，还"食蓝田十二县"。

原始社会瓦解后,一部分公有的工商业演变为官府的工商业,主要用于满足公社首领等统治阶级自身的需要,剩余的公有工商业则演变为"通工易事,以羡(多余)补不足"的民间工商业。

二、秦朝至南北朝

(一)土地私有制和户籍制度的确立

商鞅变法后,秦国的私有土地制确立起来。秦国全面转入"耕战",重视农业生产和对外战争。《田律》中规定下及时雨和谷物抽穗都应即刻书面报告,《仓律》中规定了种子验收程序和亩播种量等详细法规,反映了秦国对农业的重视程度。

秦国通过发展农业为对外战争提供保障,有军功者授爵赐予土地,秦始皇三十一年(前216),政府颁发"使黔首自实田"法令,要求百姓自己申报土地,政府承认私有土地的合法性并作为征税的依据。地主阶级凭借这个法令,不仅得以合法占有土地,而且可以用各种手段兼并农民的土地。

秦献公十年(前375),秦国建立了以"告奸"为目的的"户籍相伍"制度。商鞅变法进一步规定,不论男女出生后都要列名户籍,死后除名,建立了"什伍连坐制",把全国吏民编制起来,五家为伍,十家为什,不准擅自迁居,相互监督检举,一人犯罪,邻里连坐。这种严苛的法律让国家直接控制了全国的劳动力,保证了赋税收入。

秦王嬴政统治时期,户籍制度趋于完备,户籍中有年纪、土地、爵级等项内容,是人们身份的凭证,户籍制度也成为国家统治人民的一项根本制度。

汉朝延续了秦朝土地私有制度,包括自耕农民的小土地所有制,皇室、地主大土地所有制和国家土地所有制。国家征收耕地税和人口税。

(二)经济发展和成就

汉朝在农业生产中大量采用铁农具和牛耕,开始广泛使用耧车(见图2-3),二牛抬杠成为最重要的犁地方式,还相继诞生了代田法、区田法等新式耕田法。

东汉时期,出现了翻车(又名龙骨水车,见图2-4)和渴乌(见图2-5)等水利工具,农业生产效率大大提高。到了东汉后期,土地兼并集中情况日益严重,豪强庄园势力日益强大,这种情况也间接导致了三国局面的形成。

图2-3 耧车

图 2-4　翻车

图 2-5　渴乌

知识链接

代田法是指在地里开沟作垄，沟垄相间，将作物种在沟里，中耕除草时，将垄上的土逐次推到沟里，培育作物；第二年，沟垄互换位置。这种耕作方法有利于保持地力，抗御风、旱，因此，"一岁之收，常过缦田亩一斛以上，善者倍之"。

渴乌是指中国古代吸水用的曲管，是利用虹吸管原理制作的水利装置。这种装置（设施）用途很广，古代在生产、生活、军事、建筑和科学仪器中都有应用，也是农田自流灌溉的重要设施。这种装置（设施）的具体结构不是一成不变的。

秦朝由国家行政官僚统一经营全国各地的盐、铁开采和出售，令民间商人不得从事盐、铁的开采和贩卖；通过收取高额的市场租金和关税、编商籍等措施严格限制商业的发展。

西汉早期冶铁业分国营（中央政府）、官营（地方经营）和民营三种类型。汉武帝收冶铁业为国营，实行专卖政策。

到了东汉，各地冶铁业多为豪强地主私营，加上水排的发明，冶铁业更加发达。

汉朝的纺织业分国营与民营。东汉时期，蚕桑养殖在长江和岭南等地开始推广，为丝绸之路的贸易交往提供了物质基础。

西汉早期奉行重农抑商政策，商人地位低下。到文帝时期，由于奉行"与民休息"的政策，重视农桑，促进了农业的繁荣和商业的发展，全国形成长安、洛阳、邯郸等数个商业中心。但是商人囤积居奇、坐列贩卖，操纵物价，也导致了谷贱伤农，对农业生产造成了不利影响。晁错上书《论贵粟疏》提出了重农抑商的主张。

主题一　治国有常——中国传统社会制度

知识名片

《论贵粟疏》出自《汉书·食货志》，是当时晁错给汉文帝的奏疏。奏疏中全面论述了"贵粟"（重视粮食）的重要性，提出重农抑商、入粟于官、拜爵除罪等一系列主张，摆事实，讲道理，前后相承，步步深入，明允笃诚，强志成务。

西汉时期，丝绸之路是当时世界上最重要的东西方交流的商路；东汉时期，中原地区商道线路发达，各地货物往来更加频繁。

知识链接

丝绸之路，简称丝路，一般指陆上丝绸之路，广义上分为陆上丝绸之路和海上丝绸之路。陆上丝绸之路起源于西汉（前202—8）汉武帝派张骞出使西域开辟的以首都长安（今西安）为起点，经甘肃、新疆，到中亚、西亚，并连接地中海各国的陆上通道。因此，陆上丝绸之路的起点是西汉时的长安，也就是今天的中国陕西省省会西安。东汉时期丝绸之路的起点在洛阳。它的最初作用是运输丝绸。

先秦时期，连接东西方交流的通道已经存在，丝绸正式西传始于西汉通西域，丝绸之路真正形成始于西汉张骞"凿空"。这个时期，丝绸的传播源、传播的目的地、传播的路线都非常清楚，有史可依，有据可查，传播的数量也非常大，东西方是有计划，甚至是有组织地进行丝绸贸易，所以丝绸之路真正开辟于西汉武帝时期。

西汉时，阳关和玉门关以西即今新疆乃至更远的地方，称作西域。西汉初期，联络东西方的通道被匈奴所阻。汉武帝时，中原始与西域相通，开始加强对西域的经略。西域本36部，后来分裂至50多个部族，都位于匈奴之西、乌孙之南。

汉武帝听说被匈奴侵犯西迁的大月氏有报复匈奴之意，就派人出使大月氏，联络他们东西夹攻匈奴。陕西汉中人张骞以郎应募。建元二年（前139），张骞率领100余人向西域进发，途中被匈奴俘获，滞留了10年，终于寻机逃脱，西行数十日到达大宛。这时大月氏已不想攻打匈奴而继续西迁，张骞没有达到目的，在西域待了一年多东返，途中又被匈奴扣留了一年多，后适逢匈奴单于去世，部族内部大乱，元朔三年（前126），张骞趁机回到大汉，受到汉武帝的热情接待，被封为太中大夫。此次西行前后达10余年，虽未达到目的，但获得了大量西域的资料，史学家司马迁称张骞此行为"凿空"。

秦汉时期，南、北方经济发展很不平衡。三国两晋南北朝时期，经济格局重心从北方黄河流域逐渐南移，南北经济趋于平衡发展。同时由于各民族之间的融合加强，各民族取

131

长补短，进一步促进了国家经济的恢复和发展，为隋唐时期的繁荣奠定了基础。

三国两晋时期，由于士族在政治和经济上的特权进一步加强，土地兼并更加剧烈，封山岭、占江湖的现象很严重，土地越来越集中在少数权贵手中，独立性很强的庄园迅速发展，庄园经济趋于成熟，成为当时的主要经济形态。庄园经济的表现方式很多，如北方的坞堡（见图2-6）、壁垒，南方的田墅、田园、别业等，都是它的外在形态。

图2-6　坞堡模型

庄园经济是典型的自给自足经济，庄园主可以根据自己的生活需要布置庄园，使耕种与纺织结合，把庄园建成一个独立而封闭的世界，他们可以"生于斯，死于斯，歌哭于斯"。

三、隋唐时期

（一）从人丁到田亩，从均田制到两税法

隋朝推行均田制，规定成年男丁每人受露田80亩，种植五谷，再受永业田20亩；妇人每人受露田40亩，不给永业田；奴婢受田同如常人。永业田不须归还，露田在耕田者死后要归还国家。

均田制的实施肯定了土地的所有权和占有权，减少了田产纠纷，有利于无主荒田的开垦，对巩固封建统治、恢复和发展农业生产起到了积极作用。

隋朝初期，民户瞒报户口现象十分严重，影响了赋税的征收。为了整顿户籍和赋役，颁布了"大索貌阅"，在全国各州县严密清查户口。"貌阅"就是要求官吏根据户籍上描述的外貌来检查户口，并按病残程度确定百姓的"三疾"状况，作为免除赋役负担、享受侍丁待遇的依据。

唐朝初期，征收赋税实行以均田制为基础的租庸调制。租庸调以人丁为依据，"有田则有租，有身则有庸，有户则有调"代表了政府规定的三种义务。"租"即朝廷发一顷土地给18~60岁的人口供其耕种，这期间每年缴纳2石粮食；"庸"为在一定年岁内每年为朝廷劳动20天；"调"为每户每年缴纳绫、绢、絁各2丈，棉3两或布2丈2尺、麻3斤。

> **思　考**
>
> 租庸调制和两税法有什么区别和联系？

唐朝中期实行两税法依户等纳钱，以原有的地税和户税为主，汇总其他各类税收，以财产的多少为计税依据，改变了之前以人丁为主的赋税制度，是对当时赋役制度较全面的改革。两税法拓宽了征税的广度，增加了财政收入。

（二）经济发展和成就

隋朝统一币制，废除比较混乱的古币以及私人铸造的钱币，改铸五铢钱（见图2-7），世称隋铢铁。"车书混一，甲兵方息"，度量衡在隋文帝时重新统一。

隋朝在各地都修建了许多粮仓（如黎阳仓、永丰仓、常平仓等），其中著名的洛阳回洛仓，东西长1 000米左右，南北宽约355米，存储粮食在百万石以上。

图2-7 五铢钱

原汉朝都城长安久经战乱，残破不堪，不能适应新建的统一国家都城的需要，隋文帝选择新址建新都，取名大兴，是当时世界上规模最大的城市。隋朝兴建大兴、洛阳和经济重镇江都（今扬州），这些城市规模宏大、商业繁华的都市，在当时世界上极为罕见。为了巩固发展，隋朝还兴建举世闻名的大运河以及驰道，大运河建成后600余年一直是沟通南北双方的重要纽带。

 思 考

扬州的古称除江都外，还有什么？关于扬州的古诗词和典故有哪些？

隋朝末期，数十个割据政权相互混战，全国人口锐减，唐朝建立后采取措施发展生产，编户齐民，放免部分奴婢、部曲为良，招抚流民，国内人口开始恢复，到晚唐时期人口峰值约6 000万。

图2-8 曲辕犁

唐朝农业生产中出现了曲辕犁（见图2-8）、水车和筒车等新式工具，有记载的重要水利工程有160多项。唐朝后期，人口南移加上土地开垦及大修水利，南方粮食产量大幅增加。

唐朝手工业分官营和私营两种，门类齐全、规模庞大，远超之前。官营手工业由工部主管，工部下设监，监下设署，署下设作坊，其产品只供皇室、高级官员和衙门消费。以民间手工业作坊和家庭手工业为主的私营手工业者是士农工商之一。唐朝前期纺织业、陶瓷业和冶矿业较发达，后期丝织业、造船业、造纸业和制茶业发展迅速。手工业的进步对商品经济的发展起着积极作用，也推动了各地区之间的经济联系。

四、宋元时期

（一）重农不抑商

宋朝的赋役制度大致延续唐朝的两税法，但以田税为主，外加各类杂税和徭役等。

北宋田税法规定，每年夏、秋按土地的数量好坏各收税一次。役法包括差役和夫役：差役由现任文武职官和他们的家属后代、州县胥吏、豪族承担，职责是替朝廷看管仓库、押送财物、督催赋税等；夫役由自耕农、半自耕农和佃农承担，职责是修浚河道、土木营建等。

元朝的赋税制度南北不同。元朝北方税制由丁税和地税组成，"元之取民，大率以唐为法，其取于内郡者曰丁税，曰地税，此仿唐之租庸调也"。忽必烈即位后对中原赋役数额有所调整，并在旧制基础上，明确规定输纳之期、收受之式、封完之禁、会计之法，使之更趋完善。元朝的南方税制专指按亩征收的土地税，"取于江南者曰秋税，曰夏税，此仿唐之两税也"。

此外，元朝"科差"是以户为课征对象，"其法备验其户之上下而科焉"。元朝的牲畜税是古老的税种，称为"羊马抽分"，规定凡有马百匹者及有牛、羊百头者，各纳其一。

元朝实行政府盐专卖，盐的税收超过了全国税收的一半，同时实行专卖制度获得的茶税和酒醋税也是朝廷的一项大宗收入。

元朝还实行市舶课税法，对国内与海外诸国往来贸易的商舶所载货物抽分与课税。

（二）经济发展和成就

1. 宋朝

（1）宋朝非常重视商业，宋朝的商业是中国历史上最为发达的，农业、造纸业、印刷业、纺织业、制瓷业均有重大发展。航海业、造船业的发达促进了海外贸易的发展，通商范围覆盖南太平洋、中东、非洲、欧洲等地区，国家经济的繁荣程度远超前代，商业税成为宋朝政府重要的经济来源。

（2）宋朝对农业生产也非常重视，政府不断颁布劝农诏书，招流民组织大面积开荒，大大增加了耕地面积。

国家大兴水利，治理黄河、漳河，在东南沿海修筑海塘和钱塘江堤，在太湖流域筑石堤等，有"苏常熟，天下足"之称。

政府设置农官、劝导农桑，在北方地区试种水稻，在江淮等地引种耐旱、早熟的占城稻，在长江以南推广种植粟、麦、黍、豆等北方农作物。

政府注重农具改进，在耕牛缺乏的地区推广人力翻土工具——踏犁（见图2-9），用于插秧的秧马（见图2-10）也在这时出现，使农作物产量大幅增长。

图2-9　踏犁

图2-10　秧马

政府还推广农业新技术，奖励种树和种桑麻，农村中开始出现专门种植桑蚕、茶叶、花卉、果树等经济作物的专业户，棉花种植盛行于闽、广地区。

宋朝这些措施对当时农业的发展起了很大的促进作用，还为工商业的发展提供了广阔的空间。

（3）宋朝手工业的生产规模、技术水平、产品质量都远超前代，其中丝织业、制瓷业、造船业、造纸业等具有代表性。

①宋朝的纺织业非常发达，官府设有绫锦院、染院、文绣院，并在各地设绣局、锦院等，一些规模较大的民营丝织业作坊也为市场供应产品。西北地方流行毛织业，重庆、四川等地麻织业非常发达。扬州锦、越州寺绫、常州紧纱、润州罗、睦州交梭绢、卢州绢、宣州绮等各地的名产畅销全国。南宋时期，广东雷州半岛地区和广西南部成为棉纺织业的中心，而苏杭地区因丝织产品工艺精美、图案多彩多姿，成为全国丝织业的中心。

②宋朝造船业的发展随着海上贸易而空前繁荣，造船技术水平是当时世界之冠：船模放样技术被用于大规模酒船和战舰的制造；有了专门的货船和客船；鸟形之物"五两"用于辨别风向，多层船板增加船身强度，升降舵可"随水浅深更易"，平衡舵可改善船舶操纵的灵活性。宋太宗时期，全国每年造船3 000余艘。到了南宋，湖州、泉州、广州等成为新的造船中心。广州制造的大型海舶木兰舟可"浮南海而南，舟如巨室，帆若垂天之云，舵长数丈，一舟数百人，中积一年粮"。

③宋朝时我国古代造纸业进入了极盛期，以竹茎为原料的造纸新工艺出现，实现了造纸业的重大突破，重庆、四川、安徽、浙江成为主要的造纸产地，因"长如匹练"而得名的徽州匹纸自首至尾匀薄如一，澄心堂纸、金粟纸、藤纸等闻名于世。

（4）宋朝商业繁盛，彻底打破唐朝的坊市制度，城市中出现了各种类型的集市。太祖谓令："榜商税则例于务门，无得擅改更增损及创收。"宋朝通行的货币有铜钱、白银。后期由于大量使用铜钱、白银进口商品，国内金属通货短缺，纸币交子和官办会子（见图2-11）出现，与金属铸币并行流通。

宋朝是我国对外贸易发展的黄金时代。元丰三年（1080），宋朝政府制定了中国历史上第一部贸易法《广州市舶条法》。宋朝对外贸易分官府经营和私商经营两种方式。

南宋时期，朝廷非常注重发展民间海外贸易，据记载进出口货物达400种以上，海外贸易获利极为可观，"市舶之利最厚，若措置合宜，所得动以百万计"。宋朝在与金和大理的交界处设立榷场来互通有无。此外，宋朝铜钱信用良好，被朝鲜和日本等广泛使用。

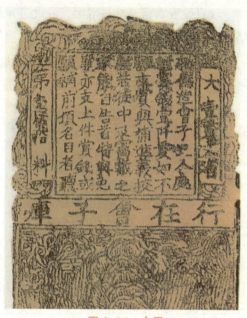

图2-11 会子

2. 元朝

元朝前期保持草原时期以畜牧为主的游牧经济，之后为了巩固对汉地的统治，采取了恢复农业生产的措施，经济开始以农业为主，并在生产技术、垦田面积、粮食产量、水利兴修等方面都取得了较大发展。元朝重视贸易，受汉族儒家轻商思想影响较小，民族之间交往增多，陆路和海上贸易相当发达。

元朝时期，官办手工业分属工部、武备寺、大都留守司等部门。工部的主要职责为制定国家手工业政策法令和产品标准式样、任命匠官等，下属有各类生产部门。

元朝棉花种植已非常普遍，棉织业也随之发展起来。传说元朝著名的棉纺织专家黄道婆出身贫苦，少年时流落海南岛，在道观劳动学会运用制棉工具和织崖州被的方法，重返故乡松江府乌泥泾镇之后大力推广搅车、拔车、织机（见图2-12）等工具，还传授错纱、配色、综线、印染等技术，中国纺织业有了很大发展。

元朝的造船业十分发达，已经使用罗盘针导航。

元朝活字印刷术不断改进，陆续发明了锡活字和木活字，并用来排印蒙古文和汉文书籍。套色版印刷术也被应用于刻书。

元朝的商业发达，贸易繁盛，北方的大都、

图2-12 织机

南方的杭州都是当时著名的商业中心。大都城内有各种市集30余处，各地的富商大贾云集，每天有上千车丝织品运进城内。杭州是运河的终点，城中每天有四五万商人前来贸易。元朝对许多商品进行专营垄断，金、银、铜、铁、盐由政府直接经营；茶、铅、锡由政府卖给商人经营；酒、醋、农具、竹木等由商人、手工业主经营，政府抽分。

元朝的海外贸易规模远超宋朝，政府设立泉州、广州和庆元三个长期存在的市舶司，对海外贸易的商舶所载货物课税，泉州港作为海上丝绸之路的起点，取代广州成为当时世界上最大的港。

五、明清时期

（一）实物地租向货币地租的过渡

明朝加强了经济立法，《大明律》中的《户役》《田宅》《钱债》《市廛》在土地制度、赋役制度、经济关系等方面做了明确规定。严禁"欺隐田粮"，规定典卖田宅必须税契，严禁正常土地买卖之外的土地兼并，规定庶民不准蓄奴，禁诱骗、掠卖良民为奴隶，田主不得随意役使佃客，还颁发了一系列有关招收流民垦荒、兴修水利、实行屯田等方面的法令。

明朝政府在户帖制度的基础上核定天下田赋、登记各地户口和产业编入《赋役黄册》。国民以户为单位，每年填报姓名、年岁、丁口、田资，由地方官吏负责审核，资料累计10年后汇编为《赋役黄册》。

明朝的税法分为田赋和商税。明初的田赋继续推行唐朝的两税法，在全国范围内普遍丈量土地，编制《鱼鳞册》（见图2-13），册中记载田地的亩数、质量和田主情况等作为征税的依据。明朝中期，由于土地兼并加剧，贪污腐败现象严重，加上赋役苛重，人民不堪忍受纷纷弃家逃亡，国民生产受到破坏。

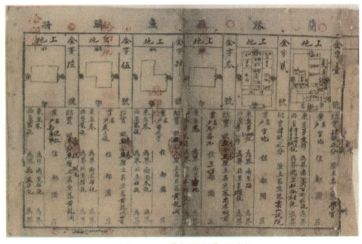

图2-13 《鱼鳞册》示例

明朝政府自嘉靖至崇祯年间进行相关赋税改革，推行一条鞭法，简化了税制，又由实物税转为货币税，增加了财政收入，有利于商品货币经济的发展，具有进步意义。

清朝承袭了明朝的田赋制度，赋役按地亩、人丁两重标准进行征派，清初用近十年时间统计核定田地亩数、国内人丁、荒地开垦等情况，编纂了《赋役全书》。康熙五十年（1711）以当时所调查的全国人丁数为定额征收丁银。康熙五十五年（1716），清朝政府实行"摊丁入亩"，由按丁征收人头税改为接地亩征税，把康熙五十年（1711）确定的丁银摊入田赋银中统一征收，没有私有田地的农户可以免征田赋，是封建土地税制的一项有益的改革。

（二）经济发展和成就

明朝商业经济繁荣，市场活跃，农产品逐渐商品化，手工业生产水平提高，出现了商业集镇，产生了资本主义萌芽，工商业的繁荣超过了以往的任何一个朝代。

明朝统治者凭借国家权力，将有较大市场、利润较大的商品垄断在官府手里，对盐、茶等重要商品继续实行专营制度，商人必须向官府交钱买"盐引"和"茶引"，"引"是商人运输货物的凭证，上面印有法定的重量单位。对于矿冶业，非贵金属允许自由采矿和冶炼，官府课税；金、银等贵金属矿只能由官府经营；其他与国计民生关系较大的铁、铜、铅、锡等矿藏，必须取得官府批准才得开采，未经官府许可而私自开挖者以盗窃罪论处。

对海上贸易，明初立法严禁私人出海，重则处绞刑或斩刑。中期海禁稍有放松，海上私人贸易迅速发展。嘉靖三年（1524）起又屡颁禁海律例，结果私人海外贸易完全停止，严重摧残了社会经济的发展和资本主义的萌芽。

明朝的手工业生产在整个封建经济中的比重进一步增加。明朝初期，在元朝长年固定的工匠制度的基础上建立了较为自由的匠籍制度。工匠分轮班匠和住坐匠两种，轮班匠每3年到京服役3个月，住坐匠每月为官府做工10日左右，由国家支付月粮。明朝后期进一步改革匠籍制度，轮班匠以交纳"匠班银"的形式替代服役，轮班制废除。

明朝棉布取代麻布成为纺织品的主流产品。松江是国内的棉纺中心，全盛时有织机万余架。

明朝末期，丝织中心苏州拥有织机超过万台，工人超过4万人。织布行业纺车技术也不断改进，织布成品除了供应国内还远销海外。

明朝在沿海一带有许多造船厂，而明朝的造船业的巅峰之作就是郑和下西洋使用的长约150米、宽约50米的宝船了。

清朝时期，传统经济发展达到顶峰，生产技术水平空前提高，商业贸易颇为繁荣，人口数也是历代王朝最多，晚清全国人口数突破4亿。

清朝初期，为缓和阶级矛盾，招抚流亡，奖励垦荒，减免捐税，还把垦荒多寡作为考核官吏的标准，耕地面积大幅增加。地方政府又在耕牛、种子等方面资助困难农户，保证垦荒的进行。政府还提倡因地制宜，采用多种种植方法，因此，粮食产量大幅提高，内地和边疆的社会经济都有所发展。至18世纪中叶，清朝的封建经济发展到一个新的高峰。

清朝手工业方面改工匠的徭役制为代税役制。产业以纺织业和瓷器业为重，江宁、杭州、苏州都设有官营丝织局。棉织业超越丝织业，种类、品质都极其多样化，拥有数百名乃至上千人的规模化手工业作坊逐渐增多，纺花织布成为当时江浙一带人民的主要经济来源。

清朝商业发达，资本主义萌芽较之明朝又有了进一步的增长。包买商空前活跃，手工业的雇佣劳动数量显著增加，商品经济的发展水平已超过明朝。清朝到鸦片战争时期对欧洲的贸易一直保持顺差，出口的茶叶、瓷器为国家带来了丰厚收益。康熙晚期为防止民变，推行禁矿政策，在一定程度上阻碍了工商业的发展。

思考与实践

搜集整理我国各个历史时期的经济制度和土地制度，如商鞅变法、唐朝的两税法、明朝的一条鞭法、清朝的"摊丁入亩"等，将其与我国抗日战争时期、解放战争时期、中华人民共和国成立之后这三个时期的经济制度和土地制度进行对比，分析各种制度产生的原因和带来的效果。

劝之以学　中国传统教育制度

中国传统教育是人文主义教育，注重个人道德修养和社会责任感相统一的培育，认为教育的主要作用是为国家培养人才和促进良好社会道德风尚的形成，逐渐形成了大教育观、辩证观、内心观、人文观、方法论等传统教育思想。

中国传统教育制度是随着古代社会政治、经济发展的需要而不断发展变化的，主要有官学制度、私学制度和书院制度。

一、官学制度

（一）官学制度的发展历程

官学是统治者传授国家管理经验、培养治国人才的主要场所。

夏商周时期生产力低下，只有官府才有开展教育活动的财力和物力。另外，在父业子承的宗法制度的制约下，知识技能只在官府这个小圈子里传授，学习知识技能的学府也就成为官方的专属。

官学制度被各朝代普遍采用，并且在中央官学的基础上发展出地方官学机构，使"学在官府"成为主要的教育制度。

从上古设立教育机构始，到汉代就已经建立了比较完善的从中央到地方的官学体系。各王朝通过提供经费、设立场所、制定制度、选择师资等措施设置官学，从国家管理的角度形成了官学体制，成为历史上占主导地位的一种教育制度。现简要介绍汉、元及明清的官学。

知识链接

大约在公元前3000年五帝时代，象形文字已经产生，随即出现了传授和学习的机构。当时，每个氏族都设有举行宗教仪式或进行公众集会的活动场所，劳作之余人们在此嬉戏娱乐，使之逐步成为实施乐教的场所，后被称为"成均"。此外，氏族中公共粮食的储存地被称作"庠"，一般由老者看管，也作为敬老、养老、行礼之地。这些老人生活生产经验丰富，自然担负起了教育年轻人的任务，"庠"就成为年轻人受教育的场所。"成均"和"庠"虽还不是正式的学校，但其所具备的条件可被认为是古代学校的萌芽。

春秋战国时期官学逐渐为私学替代。新兴阶层"士"的出现带来学习的新途径。"士"分化出不同的学派，他们招募学生传授自己的思想，带来了教育活动的发展。

据史书记载，秦朝的教育是吏师制度，据《史记·秦始皇本纪》所载："若有欲学法令，以吏为师。"这就是说，秦朝统治者是"以法为教"。而法令政策的传授，主要是靠官吏来担任，即"以吏为师"。

汉代的学校分为中央官学和地方官学。中央办的官学又分两种：一种是以传授儒家经典为主的太学，由九卿之一的太常领导管理；另一种是特殊性质的学校，如以文学、艺术为主的"鸿都门学"，以贵族教育为主的"四姓小侯学"等。地方办的官学也有两种：一种是大学性质的"郡国学"，另一种是小学性质的"校""庠""序"等学校。

元朝从中央到地方建立起了较为完备的学校体系。元朝的中央官学主要有国子学、蒙古国子学和回回国子学。国子学（见图2-14）是专门学习汉文化的学校；蒙古国子学主要挑选蒙古子弟俊秀者入学，开设

图2-14　国子学

了蒙古字学、医学、阴阳学和骑、射等课程；同时设立了专门学习亦思替非文字（波斯文字）的回回国子学。依汉人入学之制培养各少数民族人才。

明朝的学校分官办和民办两大类。明太祖多次强调："古昔帝王育人材，正风俗，莫不先于学校。"并将学校列为"郡邑六事之首"，以官学结合的科举制度推行程朱理学，而不重视书院。在朱元璋亲自过问下，明朝先后兴办起来的国子监（大学）、府州县学（中学）和社学（小学）属于官办学校一类。

清代的官学除国子监（见图2-15）外，还另设"宗学""八旗官学"教育八旗子弟。初期除读书外，尚有骑马射箭之类的科目，后来成了一种形式。光绪三十一年（1905），废除科举制度，建立新式学校，标志着存在中国四五千年的古代学校教育结束。

图2-15 国子监

（二）官学制度的特点

官学制度教育具有鲜明的阶级性、严格的等级性，内容为统治者所需，教学方法呆板。官学制度中，教学以面授为主，要求学生机械记忆、背诵儒家经典，在严格的纪律约束下，体罚是常用的教育教学管理措施。同时，也非常强调个人自学和修行，要求学生加强个人悟性，提倡以游学等方式对先儒学说自觉践行。

知识链接

古代实科教育是中国职业教育的源头。中国古代实科教育办学形式多样：既有政府设立的实科学校，又有私学、家传的教学；办学规模庞大，存在官办、半官办、中央办、地方办的实科学校；教学方法灵活，存在"设官教民"，即国家在某个行业内采用"艺徒制"的形式开展实科教学，同时民间"家业父传"，即技艺代代相传。古代实科教育经逐步发展成为教育的独立领域，成为中国古代科技不断发展的重要推动力。

实科学校学科广泛，教材丰富，包含了社会生活的方方面面，学习内容极具实用性。这些学校培养出不少专业人才，对发展中国的自然科学、法学、文艺等方面起过极大作用。

东汉时建立了中国古代第一所实科学校"鸿都门学"。南北朝时，宋元嘉二十年（443），以医学校的建立为标志，实科教育已形成体系。官方实科教育有了自己固定的教材、教学模式和专门的教师、教辅人员。明清曾设立过律学、医学、武学、阴阳学、算学、书学、画学、玄学、音乐学、工艺学等各种实科学校。

实科教育的内容源于社会的需求,几乎涵盖了所有门类,但是在不同朝代有不同侧重。

鸿都门学是汉代学习、研究文学艺术的高等实科学校,创立于东汉灵帝光和元年(178)二月,因校址设在洛阳鸿都门而得名,是中国最早的实科大学。

鸿都门学所招收的学生和教学内容都与太学相反。学生由州、郡三公择优选送,多数是士族看不起的社会地位不高的平民子弟。鸿都门学开设辞赋、小说、尺牍、字画等课程,打破了专习儒家经典的惯例。

鸿都门学不仅是中国最早的实科学校,也是世界上创立最早的文艺实科学校。在"独尊儒术"的汉代,改变以儒家经学为唯一教育内容的旧习,提倡对文学艺术的研究,这是对教育的一大贡献。它招收平民子弟入学,突破贵族、地主阶级对学校的垄断,使平民得到施展才能的机会,也是有进步意义的。鸿都门学的出现为后来特别是唐代的科举和设立各种专科学校开辟了道路。

二、私学制度

(一)私学产生的背景

私学,即私人办的学校。春秋战国是奴隶制向封建制过渡的历史转变时期,"王室衰落,礼崩乐坏",奴隶主地位下降,新兴地主阶级势力抬头,并且逐步在一些诸侯国取得了政权。一些掌握六艺的知识分子(士)失去公职,只能靠本身力量谋生,他们把藏在官府的典籍文物、礼器乐器带到民间,逐渐形成学术文化下移的趋势。当时一些新兴地主阶级为扩大自身势力,养士之风盛行。社会上有大批自由民急欲成士,以改变自身地位。这就出现了渴求从师受教的大批自由民及掌握大量知识并有能力从事教学的人。一些士聚徒讲学,发表政见,组建学校,私学教育应运而生。随着经济政治基础的变更,商周时官府垄断的中央官学逐渐衰败,官学制度瓦解,私学得以产生和发展,即由"学在官府"变为"学在四夷"。教育从官学垄断到私人办学,使更多的人受惠,是历史的进步。

(二)私学教育的特点和作用

私学教育的特点是自由办学、自由就学、自由讲学、自由竞争,教师以私人身份随处讲学,学生可以自主择师,改变了政教合一、官师合一的管理体制,教学内容与现实生活有了广泛密切的联系。

私学的教学采用授徒讲学的形式,同一个教师既可以教一个学生也可以在同一个地点教多个学生,讲授的书目也可以因人而异,较多地采用家族开办学堂设立私塾的教育方式,后来又发展成书院形式。

主题一 治国有常——中国传统社会制度

> **思 考**
> 私学的教学方式可以为"现代学徒制"提供哪些借鉴？

私学教育积累了丰富的教育经验，推动了学术文化下移和教育理论的发展，扩大了人才来源。

（三）私学教育的意义

私学的产生和发展是历史发展的必然，是教育制度上一次历史性的大变革。

私学的创立具有以下意义：一是冲破了西周以来官府垄断教育的格局，教育对象从贵族扩展到贫民，教育的社会基础更为广阔；二是私学从政治中分离出来，教师不再是官吏，而成为以教育谋生的专业化的教育工作者，迈出了教育独立化的第一步；三是建立了新的教育理论，使教育内容和教育方式产生了重大变化，为后代教育理论的发展奠定了坚实的基础。私学以其教学对象的包容性、教学内容的多样性、教学方式的灵活性以及教学成果的显著性，在政治上和教育上对中国封建社会产生了重要影响。

三、书院制度

书院制度是中国传统教育制度的重要组成部分。书院既是教学场所又是学术研究机构。古代书院大都由富室、学者自行筹款或采用置学田收租和收取学费方法充作经费，也有得到官府资助的。

书院大都建设在山林僻静之处，其办学规模、办学宗旨、教学内容、教学方式大都自主决定。层次较低的书院承担启蒙教育的任务，教授蒙童识字；中等书院可培养秀才之类的文人。

书院在中国历史上存在了近千年，是一种具有相对自治权的教育制度：创建自由，教学方式自主；管理独立，教学目标明确；兼具教学与学术研究功能；讲学实行"门户开放"，重视学术的交流和论辩；学习一般都以自修为主，提倡相互研讨。

> **知识链接**
>
> 白鹿洞书院（见图2—16）位于庐山五老峰下，是中国"四大书院"（应天府书院、岳麓书院、白鹿洞书院、嵩阳书院）之一。相传该处为唐人李渤兄弟隐居读书之处，因李渤曾养一白鹿自随而得名，自五代起就是学者自建的读书讲学之地，南唐时建成庐山国学，宋初因皇帝赐九经给书院而改名白鹿洞国库。白鹿洞书院从自置田产、自备藏书

到提供食宿、聚徒讲学，最终获得朝廷钦赐，代表了我国早期传统书院的典型发展历程。

图 2-16　白鹿洞书院

南宋淳熙六年（1179），理学家朱熹出任知南康军，看到毁于北宋末年兵火的书院废墟，决定修复白鹿洞书院，亲自讲学，确定了书院的办学规条和宗旨，并奏请赐额及御书，苦心经营。朱熹所定《白鹿洞书院揭示》又称《白鹿洞书院学规》（见图 2-17），是书院建设纲领性的规章，对书院教育的制度化、规范化起到了决定性的作用。

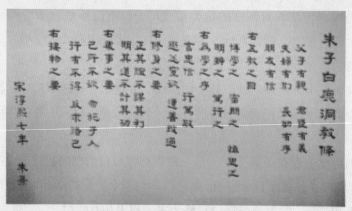

图 2-17　《白鹿洞书院揭示》

传统书院的特色本就是教学和学术研究相结合，朱熹主持白鹿洞书院期间，不再以以往经学的训诂考证等为主要内容，而是重在义理德行等理学思想，鼓励学术讨论，问疑质难、讨论争辩成为白鹿洞书院的传统，并一直延续下去，同时也影响了南宋直至明朝的其他书院。朱熹非常重视学术交流，尽管他与陆九渊学术体系不同，依然请陆九渊到白鹿洞书院讲学，并且将陆九渊的讲义刻石永存，这也开启了后代书院的会讲之风，对中国传统的学术研究与交流起到了巨大的推动作用。

东林书院（见图2-18）创建于北宋政和元年（1111），为北宋理学家程颢、程颐的弟子杨时曾长期讲学的地方。杨时是北宋理学南传的重要人物，东林书院为宋朝理学在我国东南地区的主要传播活动中心。

图2-18 东林书院

东林书院曾一度荒废，直到明朝万历三十二年（1604），由顾宪成等人重新修复书院并在此聚众讲学。当时在东林书院讲学的顾宪成、顾允成、高攀龙、安希范、刘元珍、钱一本、薛敷教、叶茂才时称"东林八君子"，他们倡导"读书、讲学、爱国"的精神，忧国忧民，敢言直谏，"讲习之余，往往讽议朝政，裁量人物"，以程朱理学为宗，反对放诞任性的王学末流，主张志在世道、躬行实践，反对空发议论、脱离实际，引起全国学者普遍响应，大批志同道合人士聚集于东林书院，"学舍至不能容"。

东林书院不仅成为江南地区人文荟萃的学术中心，而且成为议论国事的主要舆论中心和政治活动中心。东林书院因坚持议政之风，招致权贵忌恨，宦官魏忠贤当政期间政治腐败，屡兴冤狱，制造了东林党案，公开迫害东林党人，限期拆毁书院，最终竟至焚毁全国书院，成为书院历史上一段血雨腥风的黑暗岁月。

思考与实践

请结合本章所学中国古代教育制度的内容，重温古人勤学苦读的精神，对比当今我国教育制度，结合自己的大学生活实际情况，组织一次辩论赛。辩论主题为："书本知识与实践经验哪个更重要？"

公平选才　中国科举制度

科举制度是我国选官制度中的一种，除科举制度外，我国选官制度还有世卿世禄制、军功爵制、察举制和征辟制、九品中正制，等等。我们主要介绍科举制。

中国的科举制度是世界上最早的通过考试选拔官员的制度，由于采用分科取士的办法，所以叫作科举。

科举制度具有自由报考、分科考试、以成绩定取舍和取士权归中央的显著特点。它源于汉朝，创始于隋朝，确立于唐朝，完备于宋朝，兴盛于明清两朝，废除于清朝末年。科举制度对隋唐以后中国的社会结构、政治制度、教育、人文思想都产生了深远的影响，主要具有以下特点：

首先，科举制度从民间提拔人才，相对于世袭、举荐等无疑是公平、公开及公正的，破除了世家大族垄断官场的局面，体现了社会公平与公正。更为重要的是把人事权回收中央，使政权的社会基础更大，更有利于加强中央集权。

其次，科举制度为中国历朝培养了大批人才。1 300 年间科举产生的进士近 10 万人，举人、秀才数以百万，提高了封建官员队伍的整体素质，为封建国家行政机器注入了新的活力，提高了管理效能。

最后，科举制度推动了文化知识的普及，有益于社会重学风气的形成。以儒家学说为科举内容，把政权的世俗性与中国封建社会大一统的观念自然地融为一体，增强了国家统一的向心力和凝聚力，对维持文化传承及思想统一起到了无可代替的作用。

一般来讲，科举考试分为童试、乡试、会试和殿试四级。

童试是明清各省的地方科举考试，包括县试、府试和院试三个阶段，应试者不分年龄大小都称童生。成绩合格后取得生员（秀才、相公）资格，方能进入府、州、县学学习，所以又叫入学考试。

乡试是明清每 3 年一次在各省城（包括京城）举行的考试，因在秋八月举行，故又称秋闱（考场）。乡试考取的叫举人，获得参加中央一级的会试资格。乡试第一名叫解元，2~10 名叫亚元。

会试是明清每 3 年一次在京城举行的考试（会试在乡试的第二年举行）。各省的举人及国子监监生皆可应考。录取 300 名为贡士（又称进士），第一名叫会元。

殿试是科举制度最高级别的考试，又称御试、廷试、亲试。殿试试题由内阁预拟，皇帝选定，有时由读卷官预拟或由皇帝直接拟题。殿试题一开始是策问，后改为诗赋，明清时仍主要是策问。

录取分三甲，一甲三名，赐"进士及第"。第一名称状元（鼎元），第二名称榜眼，第三名称探花，合称"三甲鼎"。二甲若干名，第一名称"传胪"，赐"进士出身"。三甲若干名，第一名也称为"传胪"，赐"同进士出身"。由于二甲第一名与三甲第一名名称相同，所以判断某人属于二甲还是三甲，就以赐予的称号区分。

思考与实践

查找资料，了解我国古代其他选官制度，分析其产生的背景和发挥的作用；试总结科举制度与其他选官制度相比有哪些优势，主要缺陷是什么，造成了什么影响。

主题二

人间风韵——家园乡土与风俗人情

学礼立身　中国古代礼仪

中国传统文化在很大程度上是礼乐文化。礼在社会无处不有、无时不在，出行有礼，坐卧有礼，宴饮有礼，婚丧有礼，寿诞有礼，祭祖有礼，征战有礼，等等。

在中国古代，"礼"的概念主要包含三个意思：一是治理国家的典章制度，二是社会生活中形成的行为规范和交往礼节，三是具有社会约束力的道德规范。关于它的起源，有祭祀说、饮食男女说、人性和环境矛盾说几种观点；关于其发展历程，主要有发端期、成形期、发展期、衰变期等阶段。

> **知识链接**
>
> 儒家所倡导的礼从家庭开始，而后扩大到社会。由婚姻而家庭，由家庭而宗法。
>
> 古代礼仪的发端期大致可定为公元前21世纪夏王朝建立之前的原始社会，有人称这一时期的礼仪为"原始礼"。这一时期由于尚未出现国家，氏族生活主要是按照传统习俗在行事。民间生活中礼与俗混淆在一起，界限难以分清楚。
>
> 成形期是指从夏王朝建立到两汉为止。这一时期经过夏、商、周三代古礼的日臻成熟，到春秋战国时期的"礼崩乐坏"，再到汉代对礼乐制度的复兴，中国礼仪在螺旋式发展中基本成形。
>
> 发展期是指从魏晋南北朝历经隋唐五代直到两宋为止。这一时期虽然历代王朝都有

制定礼制，民间礼俗也有所变化，但相较于成形期并没有太多新的内容，只是传统礼仪顺应时势变化，日趋成熟而已。

衰变期是指元、明、清三代。随着封建社会的日暮西山，封建礼仪也逐渐走向衰亡。

中国传统礼仪的内容可以总结为"三礼"文化、"五礼"和重要的生活礼仪。

一、"三礼"文化

"三礼"，即《周礼》《仪礼》《礼记》，是中国古代礼仪制度的蓝本和百科全书，对古代礼仪制度的形态、礼仪、礼法等做了最权威的记载和解释，对后世的礼制影响深远。其中，《周礼》偏重政治制度，《仪礼》重在行为规范，《礼记》则偏重于对具体礼仪的解释、论述。

二、"五礼"

中国古代，礼深入社会的每个层面，名目繁多，《中庸》《周礼·春官·大宗伯》《大戴礼记·本命》《仪礼》等都对礼做过相关规定，但由于《周礼》在汉代已取得权威地位，其"五礼"分类法为社会普遍接受，后世修订礼典大都以"五礼"为纲，因此，我们围绕"五礼"介绍我国的传统礼仪。

（一）吉礼

吉礼就是祭祖之礼。古人向神鬼祈求，希望他们保佑人们吉祥安康、诸事顺利，故称为吉礼。吉礼的祭祀对象包括天神、地祇、人鬼等，祭祀对象不同，季节不同，所用的祭法也有所不同。

祭天神，包括日月星辰、风雨雷电在内，受祭的天神不仅多，而且尊卑有别。一等为昊天大帝（又称天皇大帝、百神之君等）；二等为日月星辰，日月为天之明，星辰指"五纬"（金、木、水、火、土五大行星）、十二辰和二十八宿，是与民生关系最为密切的天体；三等是除二等之外，凡职有所司、有功于民的列星，如司中、司命、风师、雨师等。陈放在柴薪上的祭品也要依神的尊卑而有所区别：天皇大帝用玉、帛、全牲；日月星辰只用帛而不用玉，牲体是经过节解的；列星则只用节解的牲体。

祭地祇也有不同的方法。一是血祭。血祭是将牲血或人血滴入地里，使其气下达，及于地神。血祭常用于祭拜社稷、五祖、五岳等。其中，社是土神，稷是百谷之王，五祖是五行之神，五岳即东岳泰山、南岳衡山、西岳华山、北岳恒山和中岳嵩山山。二是狸沈之祭。狸沈之祭用来祭拜山林、川泽。其中，祭山林用狸（通"埋"），将牲体或玉帛埋在地下，表示对土地、山神的祭拜。祭川泽用沈（通"沉"），将牲体或玉帛沉入河中表示对川泽之神的祭奠。三是疈辜之祭，是将牲畜肢体磔杀来祭祖四方百物（掌管四方百物的各路小神）。

祭人鬼，主要是对祖先的祭祖。人鬼，指祖先神，当时指宗庙中供奉的祖先。祭祖先的方法很多，如肆礼，是进献刀解煮熟的牲肉；献礼，是进献已杀未煮的牲肉；祼礼，是灌酒于地；馈食，则是用黍稷煮饭以食尸；等等。

（二）凶礼

凶礼是跟凶丧有关的礼节，是哀悯吊唁、救患分灾的礼仪，礼具体可分为丧礼、荒礼、吊礼、恤礼等。

丧礼是古代礼仪中最为重要的礼仪之一。丧礼的核心是通过对死者遗体的各种处理仪式，来表达对死者的敬爱之情。

荒礼是指国内发生自然灾害，如灾荒、瘟疫等变故，国家采取的救灾礼仪。实际上荒礼是一种政府的救灾行动，与礼仪关系不大，但当时仍称为礼。

吊礼指邻国遭受水旱、地震等自然灾害，应该派使者前往哀悼和慰问。

恤礼是指对遭受不幸的国家表示慰问、抚恤的礼仪。

（三）宾礼

宾礼即各路诸侯朝见天子、诸侯间会见、使臣往来的礼节。后代将皇帝遣使藩邦，外来使者朝贡、觐见及相见之礼等都归入宾礼。

（四）军礼

军礼，指军队里操练、征伐的行为规范。将军礼列入礼的范畴，一是因为王者以礼治国使天下归于大同，必然受到内部和外部的干扰，礼乐和征伐缺一不可；二是因为军队的组建、管理等都离不开礼的原则。

根据《周礼》，军礼分为大师之礼、大均之礼、大田之礼、大役之礼、大封之礼。其中，大师之礼，是天子出征讨伐时军队调度、进退有序的礼仪规范。大均之礼，是指王者为校正户口、调节赋税，根据军队建制，"以起军旅"，同时"以令贡赋"，意在使民众负担均衡。大田之礼是天子、诸侯定期田猎和军事演习时的军礼。大役之礼是指国家大兴土木工程时，需要征调民力，不能简单划一，应按照人性化的原则，根据民力的强弱分派任务；大封之礼，是以武力勘定疆界之礼，诸侯国之间士大夫之间的封地纠纷，需要军队参与勘定。

（五）嘉礼

嘉礼是按照人心之所善者制定的礼仪，是有关人际关系的一种礼仪，起着沟通、联络感情的作用。嘉礼名目繁多，是古代礼仪制度中内容最为庞杂的一种礼仪，涉及日常生活、王位承袭、宴请宾客等多方面内容。

三、重要的生活礼仪

古代生活类礼仪的内容很广泛，我们择要介绍。

（一）传统家庭礼仪

中国传统社会十分重视家族的亲属关系，大家族之间来往密切，重要事务要共同处理。这样一来，家庭、家族就需要建立一些规矩、规范，这就是通常所说的家礼。传统家礼有尊老爱幼、和睦相处、互谅互让、相濡以沫等优良传统，也存在诸多弊端，因此，应该对传统家礼进行扬弃。

（二）传统人生礼仪

人生礼仪是指人在一生中几个重要阶段所经历的不同仪式和礼节，主要包括诞生礼、成年礼、婚礼、丧葬祭礼四个阶段。在此期间还穿插诸如童蒙礼、生日礼、寿礼等过渡性礼仪。

1. 诞生礼

人的诞生日，俗称"生日"，是人一生的开端。婴儿诞生，意味着新生命开始，对于家庭或家族来说，标志着血缘得以延续，需要有相应的礼仪来庆祝。

> **知识链接**
>
> 在诞生之前有求子、催生等礼仪。古人非常重视传宗接代，求子成为已婚女子关注的重大问题，求子的风俗也逐渐形成。进入文明社会，宗教的生育神灵崇拜开始出现，并占主要地位，如送子观音、碧霞元君等。孕妇分娩前一个月，娘家要送礼物促其顺利分娩，俗称"催生礼"。
>
> 婴儿诞生后又有报喜、三朝、满月、百日、周岁等礼仪。婴儿一出生就要向有关亲朋好友报告喜讯，于是就有了"报喜礼"。三朝礼是婴儿降生三天后举行的礼仪，主要包括为孩子沐浴并念祝词，设宴招待亲友领受各方面的贺礼等。满月礼指在婴儿满一个月时宴请宾客并给婴儿剃胎发。婴儿的胎发是从母胎中带来的，不能全部剃光，要在额顶留一绺"聪明发"，脑后留一绺"撑根发"。百日礼是婴儿百天时要举行的礼仪，又称百岁。百日礼最有特色的是要穿百家衣、戴百家锁。周岁是孩子的第一个生日，一般也认为是诞生礼的结束。周岁礼最受关注的是要让孩子进行"抓周"（见图2-19），在孩子面前放上笔墨纸砚、算盘、珠宝、弓、箭等，让其随意抓取，据此预测孩子的志趣和未来前途。
>
>
> 图2-19 周岁礼

主题二 人间风韵——家园乡土与风俗人情

2. 命名礼与童蒙礼

在儿童诞生礼与成年礼之间还有两个比较重要的礼仪，分别为命名礼和童蒙礼。

在古代社会，给孩子起名字是一个非常复杂的礼仪规范：一般情况下，当时的成年人都有小名、大名、字三种名字，上大夫阶层往往还有号。小名一般请长者或有威望的人来取，也有请算命先生看生辰八字的；大名一般是孩子入学读书时老师给起的；字是在青年男女成年礼上获得的；至于号则是自己取的，以代表本人的志向和兴趣。

儿童到了一定年龄要接受启蒙教育，入学第一天要行童蒙礼，在家时先向祖先祀拜，再向父母跪拜，然后由长辈领到塾堂，到了塾堂先跪拜孔子牌位，再拜见老师。

3. 成年礼

成年礼又名成丁礼、成人礼，是古时青年跨入成年阶段时举行的一种礼仪，是为承认年轻人具有进入社会的能力和资格所举行的一种仪式。人们通过施行成年礼宣告孩童时代的结束，成年时代的开始。一般来说，成年礼常分性别举行，男子20岁成年行冠礼并取字，女子一般15岁行笄礼。

查找相关资料，总结男子冠礼与女子笄礼的不同；试论现代成人礼的现实价值。

4. 昏（婚）礼

昏（婚）礼是传统礼仪的重要内容，涉及两姓联姻的质量和稳定性，涉及宗族是否昌盛。儒家对婚礼的仪式加以整理记入《仪礼·士昏礼》《礼记·昏义》等经典，又经历代统治者的提倡，下沉到民间，成为整个封建时代婚姻礼仪的准则，即纳采、问名、纳吉、纳征、请期、亲迎。

纳采，后世称为"提亲"，男方请媒人到女方家提亲，然后行纳采礼，用雁做提亲的礼物。

问名，俗称"请庚""讨八字"。男方请媒人到女方家询问女方名字、出生日期、籍贯等信息，女方将信息写在帖子上交给媒人，这帖子称庚帖。男方接到庚帖后要请人推算占卜，"合生辰八字"。

纳吉，是男方将问名卜婚后的吉兆通知女方并送礼订婚。纳吉以雁为礼物，礼节与纳采礼相同。到了这一步，婚事就大致确定下来了。这个阶段男女双方还要换一次帖子，称龙凤帖。

纳征，又称"纳币"，指男方向女方送聘礼。纳征时所送的聘礼是玄色和纁色的帛五匹，鹿皮两张，礼节与纳吉礼相同。

请期，是男方送过聘礼后，请人占卜求得一个吉祥的迎娶日子，派人告知女方以征得女方同意。请期以雁为礼物，礼节与纳征礼相同。

亲迎，今称迎亲，是婚礼的核心，是新郎亲自前往女方家迎娶新娘的礼仪，而且时间是在"昏"时。亲迎礼十分繁复，程序很多。据宋代吴自牧《梦粱录》卷二十"嫁娶"所载，南宋时杭城人家的亲迎礼就有挂帐、催妆、拦门求利市钱红、撒谷豆、坐虚帐、走送、牵巾、挑盖头、参拜、交拜、饮交杯酒、合卺等程序。只有举行了亲迎，才算正式结婚。

知识链接

催妆盛行于唐代上层社会。新娘出嫁之日，新郎作诗，派人传达至女方催妆，称为"催妆诗"（如"金车欲上怯东风，排云见月醉酒空。独自仙姿羞半吐，冰瓷露白借微红"）；也可由宾相代作，诗为五七言近体，多颂赞吉利语。

到迎亲时，女方家门紧闭，男方为催新娘启门登轿，则反复吹奏催妆曲，放催妆炮，伴以递开门封。催妆要多次：婚礼前二三日，男家下催妆礼，有凤冠霞帔、婚衣、镜、粉等。

5. 丧葬祭礼

丧葬祭礼在儒家提倡的传统礼仪中占有重要的位置，传统的丧葬祭礼分为丧礼、葬礼和祭礼三个部分，我们大致介绍丧礼和葬礼。

丧礼仪程由于时代、民族、地域的不同有所差异，以中原地区为例：古人讲究"寿终正寝"，死者弥留之际要居于正室，临终用新絮放在其口鼻上，通过新絮是否飘动来判断死者是否断气，称为"属纩"；确已断气，家人要为其招魂，称为"复"；再验确认已死，则开始哭丧，为死者穿衣，用殓巾覆盖身体并在尸体东侧设酒食供死者鬼魂享用。

长辈亡故，子孙要戴重孝，奔赴亲友家"报丧"，告知凶讯和丧葬事宜。亲友上门哀悼死者并慰问丧家，称为"吊唁"或"吊丧"。前来吊唁者要送礼金或挽联、挽幛等，而宾客吊唁时，孝子和家属要跪于灵案西侧答礼和哭灵。

接着就是入殓，入殓尸体有小殓、大殓之分。小殓是给死者穿寿衣，小殓时所有参加者要不停号哭，以示悲痛。大殓指死者入棺仪式，一般在小殓次日举行。殓后一般都要停棺待葬达数月之久，这段时间称为"殡"。在这期间，家人要请人占卜，选定墓地和落葬日期。

与丧礼相关的是古代的丧服制度。古代的丧服根据与死者的亲疏远近，大致分为斩衰、齐衰、大功、小功、缌麻五等。不同的亲属关系要着不同的丧服。

关于葬礼，我国历史上曾经实行过许多落葬的方式，如天葬、火葬、土葬、墓葬、食葬、崖葬、悬棺葬、衣冠葬等，其中有些已被淘汰，有些还在沿袭。葬法不同，葬礼仪节自然也不同，以中原地区汉族的墓葬为例：启殡一般在天微明时举行，丧主向前来参加葬礼的宾客行拜礼，接着司仪连喊三声"出殡"，然后柩车出动，家属着孝服列队护送至墓地。其中，拉柩车的绳称为"绋"，"绋"绳多少由死者地位高低而定。执绋人要唱哀歌，称为"挽歌"。有些地区送葬队伍出发前要由孝子摔碗或瓦盆。送葬队伍要有开路神、引路幡开路。开路神是比人还要高大的纸人，执幡的要用童男童女，一路抛洒"纸钱"，意在为死者付买路钱，还有吹鼓手和僧道人一路敲打念经。到了坟地，先祭土地神，再把灵柩放入墓坑，灵柩放稳后，孝子家人每人抓一把土扔在灵柩上，称为"添土"。送葬归来，孝子家人要谢客聚餐。

思考与实践

> 近年来，遵古礼的现象越来越多，如家长或学校给孩子举行的成人礼，盛大繁杂的中式古典婚礼，大型祭祖活动，等等。它们是传统文化中的糟粕吗？国家为什么大力宣传和弘扬传统文化？请结合所学，查阅相关资料，有条件的可在附近走访，进行相关探讨。

红尘清欢　中国古代日常生活

中国古代日常生活涉及方方面面的内容，如服饰、饮食、品茶、饮酒、起居与出行等，透过这些"活的社会化石"，我们可以看到一个精彩纷呈、充满韵味的古代社会，体会优秀传统文化经久不衰、历久弥新的强大魅力。

一、更迭变化的传统服饰

服饰是人类文明的产物，是人类智慧的结晶，伴随着政治制度、经济制度、礼仪规范、生活习俗、审美情趣的发展而更迭变化。冠冕章服、罗裙霓裳、足衣配饰……各种服饰都讲述着时代的故事，传承着中华民族内在的文化精神。

（一）传统服饰的演变

1. 原始社会时期

原始社会时期，生产力低下，人类的服饰不过是围披的皮毛，起到遮羞、御寒、防护的作用。直至仰韶文化晚期，衣服制度才正式开始形成，中国服饰文化史由此发端。（见图2-20）

2. 夏至西周

这一时期，随着农业和纺织技术的进步，皮、革、丝、麻成为商代的主要服装用料，我国服饰基本形成了上衣下裳的基本形制。衣冠服饰随着社会分工的明确开始成为"昭名分、辨等威"的工具。

图 2-20 原始社会服装

> **知识链接**
>
> 上衣下裳：上身穿衣，衣领开向右边；下身穿裳；在腰部束着一条宽边的腰带；肚围前再加一条像裙一样的韨，用来遮蔽膝盖，又称为蔽膝。
>
> 商代服饰不论尊卑和男女都是采用上下两段的形制，上着衣，下穿裳，后世称服装为"衣裳"，便是源于此。其服饰的腰身和衣袖基本上设计为紧窄的样式，长度齐膝，便于活动。
>
> 周朝上衣下裳为主流，款式不变，只不过袖口逐发展变大，形成大袖，祛袂款式（图2-21）。

图 2-21 上衣下裳

3. 春秋战国

春秋秋战国时，汉服深衣（见图2-22）和胡服开始推广。深衣将过去上下不相连的衣裳连属在一起，下摆不开衩口，而是将衣襟接长，向后拥掩，即所谓"续衽钩边"。深衣的出现为汉服基本款式的形成奠定了基础。

图2-22 深衣

> **知识链接**
>
> 汉服，全称是"汉民族传统服饰"，又称衣冠、衣裳、汉装，是从黄帝即位到17世纪中叶（明末清初），在汉族的主要居住区，以"华夏－汉"文化为背景和主导思想，以华夏礼仪文化为中心，通过自然演化而形成的具有独特汉民族风貌性格，明显区别于其他民族的传统服装和配饰体系，是中国"衣冠上国""礼仪之邦""锦绣中华"的体现，承载了汉族的染织绣等杰出工艺和美学，传承了30多项中国非物质文化遗产以及受保护的中国工艺美术。

胡服主要指衣裤式的服装，尤以着长裤为特点，是中国北方草原民族的服装。战国时期，赵武灵王吸收东胡、娄烦人的军人服饰，废弃传统的上衣下裳，采用了合裆裤和胡服的腰带形式，能保护大腿和臀部肌肉皮肤在骑马时少受摩擦，且腰带十分牢固，这是华夏主体服饰文化吸收、融合少数民族服饰文化并发展的重要史例，史称"赵武灵王胡服骑射"。

4. 秦汉时期

秦汉时期由于国家统一，服装风格也趋于一致。

秦统一后，衣冠融合六家特色，兼收"六国车旗服舆"，除保留祭礼服外，废除周代服制，采用上衣下裳、分裁合缝，上下不通缝、不同幅的深衣作为基本形制，服色尚黑。

汉代服饰沿袭秦代旧制，但因汉代统治者将儒家思想作为国家意识形态，所以区分官阶等级、尊卑贵贱的舆服制度更加完备，史书列有皇帝与群臣的礼服、朝服、常服等有20多种。汉代的政治经济环境促使纺织业得到长足发展，织绣工艺发达，绫罗绸缎被制成深衣、袍、襦、裙、襜褕等各种制式，颇具审美价值。西汉年间"丝绸之路"的开辟，也让中国服饰文化走向世界。

知识链接

汉朝服饰虽沿袭秦代旧制，但在着衣上，仍有自身的特点：

（1）穿外衣时，由于领大而且弯曲，穿衣时必须暴露中衣的领型。

（2）穿衣必用白色面料做里。

（3）袖宽为一尺二寸。

（4）衫无袖。

（5）穿皮毛服装时裘毛朝外。

（6）腰带极为考究，所用带钩以金制成各种兽形，如螳螂形或琵琶形，形象十分生动有趣，带钩从形、色和工艺上都达到了极高的水平，比西周和战国时期，在设计和制作方面都要精美得多。因此颇受男人们的喜爱，佩戴者很多。

（7）男子保持佩刀习俗，但所佩之刀有形无刃，因此失去了实际价值，主要是显示仪容。

5. 魏晋南北朝时期

魏晋南北朝时期的整体汉服服饰风格可以用"丰富多彩，南北交融"来概括。这一时期，战乱不断，王朝更迭频繁，服饰上主要表现为民族间互相影响、追求时髦、奇装异服盛行的特点。

魏晋服饰虽然保留了汉代的基本形式，但在风格特征上，却有独到的地方，如玄衣（赤黑色礼服）、纁裳（浅绛色的裳）、黼黻（绣有华美花纹的礼服）、衮衣（古代帝王及上公穿的绘有卷龙的礼服）是服饰的主流。服饰的风格受道家返璞归真的理念影响，呈现出飘逸灵动的特点。这与当时的艺术品和工艺品的创作思路有密切关系，其风格的同一性比较明显。

南北朝时期，北方少数民族入主中原，胡汉文化在政治、经济、文化习俗各方面相互融合，汉族流行穿紧身、圆领、开叉的胡服，汉服出现胡化的现象，服饰形式更加合身适体。少数民族受汉朝典章礼仪影响，如鲜卑族推行汉化政策，"群臣皆服汉魏衣"，使秦汉以来的冠服旧制得以延续。

此外，这一时期士大夫阶层沉沦于消极浪漫主义风格的生活方式，男子穿衣敞胸露臂，衣服披肩；女子服饰则长裙拖地，大袖翩翩，饰带层叠，优雅飘逸（图 2-23）。

图 2-23　魏晋女子服饰

主题二　人间风韵——家园乡土与风俗人情

6. 隋唐时期

唐代服制是在南北朝胡、汉服装相互影响而又各成系统的基础上产生的，出现了"法服"与"常服"并行的局面。作为大礼服的法服仍是传统的冠、冕、衣、裳，常服则是在鲜卑装的基础上改进而成。

隋唐时期，中国进入统一状态，国力逐渐增强，经济稳定，文化多彩。服饰既沿袭了历代制度，又融合胡服紧身、圆领、开叉等特点。由于社会的繁荣、开放，穿衣风格也更加开放浪漫。

唐代男子上自皇帝下至厮役，在日常生活中都穿常服，包括圆领缺胯袍、襆头、革带及长靴。

女装方面，袒胸、裸臂、披纱、大袖、长裙为其特征性服饰，造型雍容华贵，装扮配饰富丽堂皇，流行时尚变化万千（见图2-24）。唐朝的女装主要是衫、裙、帔，还有短袖半臂衫（套穿在长衫外面），最时兴的女子衣着是襦裙，即短上衣加长裙，裙腰以绸带高系，几乎及腋下。唐朝年轻女子甚至还穿上胡服男装，在户外策马扬鞭。

图2-24　唐朝女子服饰

发饰和面妆跟随服饰变化。唐朝女子发式多变，常见的有半翻髻、盘桓髻、惊鹄髻、抛家、倭堕髻、椎髻、螺髻等近30种，上面遍插金钗玉饰、鲜花和酷似真花的绢花。唐朝妇女好面妆，风格奇特华贵，各种眉式流行周期很短，面妆时尚变幻莫测。

7. 宋元时期

宋代勘订礼制，基本遵循周礼旧制，大致分为官服、便服、遗老服三类，形成了以质朴淡雅为宗的审美标准，服饰色调趋于单一，款式趋于简单，具有修身适体的特点。一般百姓多穿交领或圆领的长袍，文人、士大夫多穿直裰长衫，袖口、领口、衫角都镶有黑边，头上戴帽。

元朝的服饰体现了其多民族融合的统治现状，在服饰上也博采众长，礼服制度承袭汉制，皇帝及高官的服饰都是仿照先秦时期的古制而成，并在服装上广织龙纹，而平时推行其本族服饰，穿腰部有很多衣褶的短、窄长袍，方便骑射动作。

8. 明清时期

明清时期是我国传统服饰继承与创新的时期。

明朝服饰最突出的特点是以前襟的纽扣代替了几千年来的带结。明朝女子服饰如图2-25所示。另外，为了恢

图2-25　明朝女子服饰

157

复汉族的礼仪，禁胡服，制定了承继周汉、唐宋准则的新服饰制度，以袍衫为主要服饰，官员以补服为常服，头戴乌纱帽，身穿圆领衫，民间男性多穿青布直身的宽大长衣，头戴四方平定巾。

明朝对服饰从冠冕服到百姓服饰、从样式到穿着礼仪都做了更加详细的规定，繁复细致。如服装用色方面，平民妇女只能用紫色、绿色、桃红等，不能用大红、青色、黄色等，以区别于官服。明代的朝服、公服的衣前出现了补子，用补子上的鸟兽纹样来标识品级。

清朝是满汉文化交融的时代，也是我国由古代文明向近代文明转型的前夜。对应到服装史上，清朝服饰（见图2-26）是中国古服与近代服的交接点，变化很大。清朝入关后，强制推行满族的发型和服装样式，强迫汉人穿满人服装，衣袖短窄、穿用方便的马蹄袖箭衣、紧袜和深筒靴取代了宽袍大袖、拖裙高冠。

在汉族人民激烈的反抗斗争之后，清朝统治者不得不退一步，实行"男从女不从"的政策，男子着长袍马褂瓜皮小帽，短衣短袖便于骑马。满族妇女衣着以旗袍为主，汉族妇女服装则沿用明朝服装形制。至清朝中期，满汉双方各有仿效，后期满族效仿汉族的风气颇盛，史书上记载"大半旗装改汉装，宫袍裁作短衣裳"。

图2-26　清朝服饰

知识链接

佩饰是古代衣着服饰制度的一个重要组成部分，佩饰在服饰中往往起着画龙点睛的作用。佩饰主要有玉饰（见图2-27）、香囊（见图2-28）、发饰、耳饰等，其中，发饰又有笄、簪、钗、环、步摇（见图2-29）、凤冠（见图2-30）、华盛、发钿等。

图2-27　玉饰

图2-28　香囊

图 2-29　步摇

图 2-30　凤冠

（二）传统服饰与礼仪

服饰不仅是蔽体、遮羞、御寒的工具，也是礼仪制度的物化和载体，从中国传统服饰、传统礼仪制度可见一斑。

1. 传统服饰与身份地位

在强调伦理纲常的等级社会中，服饰是一个人社会身份的外在标志，通过服饰的形制、颜色、纹饰、质地可以鲜明地区分尊卑贵贱、长幼贫富、等级层次。自唐代贞观年间开始，颜色就在公服中用以区别官职高低，被称为"品色服"制度。

颜色中以黄色为最尊贵，为帝王所占用，北宋开国皇帝赵匡胤就是"陈桥兵变，黄袍加身"。紫色、红色是官服的颜色，而紫色是官吏公服中最贵重的一种，所以民间认为"大红大紫"寓意富贵吉祥。

中国古代等级地位的区分也可以靠服饰上的纹饰来判断。纹饰主要包括珍禽瑞兽、花鸟鱼虫、山水人物和几何图案等类型。各个朝代都可以看服装纹饰辨官职，而一直以来，百姓穿衣是不可以有纹饰的，所以只能穿本色的麻布衣，"布衣"也因此成了平民百姓的代名词。

2. 传统服饰与礼节秩序

在中国传统文化中，还有许多典型的礼仪是与着装有直接关系的。

古代婚礼要完成从议婚到完婚的六种礼节，是非常隆重的仪式。在仪式上，婚服需要庄重而喜庆。我国古代新郎和新娘的婚服制式主要有三种，分别是"爵弁玄端－纯衣纁袡""梁冠礼服－钗钿礼衣"和"九品官服－凤冠霞帔"。

3. 传统服饰的文化内涵

时代、民族、政治、风俗、审美等各种文化因素的融合，使中国传统服饰得以丰富地呈现，在而多彩的服饰背后，也蕴含着朴素的中国传统文化的共性。从审美角度来讲，中国传统服饰的精神气质与客观世界要融为一体，才能达到和谐、自然之境。服饰在审美趋向上表现出了世代沿袭、日臻完备的传承性，基本形制不变而含蓄动态变化的同一性与多样性，以及自成体系地展现民族风貌的民族性。

二、因地制宜的饮食文化

中国是一个具有悠久历史的饮食文化大国，很早就树立了"礼乐文化始于食""民以食为天""食不厌精，脍不厌细"等观念，千百年来烹饪技术不断演进提高，是我们文明古国灿烂文化的一个组成部分，甚至已经存在于我们文化心理结构的潜意识层面。中国饮食文化具有礼、美、和的审美意蕴，是中国传统文化的一个重要标志。

知识链接

中国饮食文化经历了一个漫长的发展历程。旧石器时代，人们还不懂得取火，有巢氏茹毛饮血。直到燧人氏钻木取火，石烹熟食的出现才揭开了人类烹饪史的序幕。伏羲时代，结网罟以教佃渔，养牺牲以充庖厨。神农氏开创农业，教民稼穑，发明了陶制容器，是人类最早的炊具和容器。轩辕黄帝做灶，使食物烹饪更加简单。甑的出现，实现了蒸的烹饪方式，"蒸谷为饭，煮谷为粥"，食物也因烹饪方式不同被加以区分。

周秦以谷物、蔬菜为主食，烹调技术日趋精湛，是中国饮食文化的成形期，一些饮食理论开始出现，如孔子"食不厌精，脍不厌细"的饮食之道影响深远。汉代，在与西域饮食文化交流的过程中，许多食材、水果被引入中原，中国饮食文化得到了丰富。到了经济更加繁荣的唐宋时期，丰富的积累满足了人们的口腹之欲，最具代表性的就是奢侈浪费的烧尾宴。人们对食物过分讲究，促使饮食文化达到高峰。明清时期是中国饮食文化的又一个高峰，融合满蒙的饮食特点，中国传统饮食结构发生了很大变化，满汉全席代表了清代饮食文化的最高水平。

自春秋战国起，南北菜肴的风味差异已经出现；唐宋时，南食、北食各成体系；清初，鲁菜、川菜、粤菜、苏菜"四大菜系"影响较大，清末时，又加入浙菜、闽菜、湘菜、皖菜，共同组成中国传统饮食的"八大菜系"。

（一）鲁菜

鲁菜就是山东菜，是北方菜的基础，对其他菜系影响较大，为八大菜系之首，由济南和胶东两地的地方菜发展而来，特点是鲜咸脆嫩。胶东菜以烹饪海鲜见长，口味清淡，以突出原料的鲜嫩。济南菜则精于清汤和奶汤的调制。鲁菜烹饪善用爆、炒、烧、熘等技法，配大葱和面酱调味，烹制出精美的菜肴。其中，孔府菜是我国最精湛的官府菜。鲁菜的代表菜品有一品豆腐、糖醋鲤鱼、三丝鱼翅、油焖大虾、醋椒鱼、温炝鳜鱼片、芫爆鱿鱼卷、清汤银耳、胶东四大拌、诗礼银杏、奶汤蒲菜、乌鱼蛋汤、锅烧鸭、香酥鸡、黄鱼豆腐羹、拔丝山药、蜜汁梨球、砂锅散丹、布袋鸡、芙蓉鸡片、氽芙蓉黄管（图2-31）、阳关三叠、雨前虾仁、乌云托月、黄焖鸡、锅塌黄鱼、奶汤鲫鱼、烧二冬、泰山三美汤、氽西施舌、赛螃蟹、烩两鸡丝、象眼鸽蛋、云片猴头、油爆鱼芹、油炸全蝎、西瓜鸡等。

图2-31　氽芙蓉黄管

（二）川菜

川菜就是四川菜，国际上有"食在中国，味在四川"的说法。川菜十分注重调味，"一菜一格，百菜百味"，善用辣椒、胡椒、花椒、豆瓣酱、陈皮、香醋等多种调料，总体上呈现辛、辣、麻、怪、鲜的特色。煎、炒、干煸、干烧是川菜主要的烹饪技艺。巴蜀之地物产丰富，菜品众多，除清鲜味重的高档筵席菜，多数菜品适合平民大众，如鱼香肉丝、宫保鸡丁、水煮肉片、夫妻肺片、麻婆豆腐、回锅肉、泡椒凤爪、口水鸡、香辣虾、麻辣鸡块、鸡豆花、板栗烧鸡、辣子鸡等。近年来，川菜在全国范围内的广泛流行，证明川菜菜品具有很强的适应性。

（三）粤菜

粤菜历史悠久，用料广博，主要由广东菜、潮汕菜、东江菜三部分组成。广东菜味道清、鲜、脆、嫩，常用炒、煎、焖、蒸、炖、煲等烹饪方法；潮汕菜以烹制海鲜、甜品见长；而东江菜喜用肉类，口味浓重。配合四季时令天气特点，粤菜或清淡或浓重，同时讲究"五滋六味"（"五滋"：香、松、软、肥、浓；"六味"：酸、甜、苦、辣、咸、鲜），柠檬汁、鱼露、沙茶酱、蚝油等调味品使广东菜品别具一格。著名的粤菜有脆皮鸡、烤乳猪、沙茶牛肉、广东叉烧等。

（四）苏菜

苏菜即江苏菜，江苏自古富庶繁华且物产丰富，饮食资源众多，名厨荟萃，烹饪历史悠久。苏菜由淮扬菜、金陵菜、苏锡菜和徐海菜四部分组成。这些菜肴的共同特点是精致、清鲜，就像江南美女一般清秀雅丽。苏菜菜肴四季有别，选料十分严谨，制作非常精细，追求味美也注重造型配色。烹饪从不急于求成，在炖、焖、煨、焐中，火候把握到位，刚刚好地呈现鲜活食材的本味。其名菜有金陵烤鸭、彭城鱼丸、老鸭汤、炖生敲（见图2-32）、烤方、羊方藏鱼、水晶肴蹄、清炖蟹粉狮子头、黄泥煨鸡、清炖鸡孚、盐水鸭、金陵板鸭、金香饼、鸡汤煮干丝、肉酿生麸、红烧沙光鱼、凤尾虾、三套鸭、无锡肉骨头、陆稿荐酱猪头肉等。

图2-32 炖生敲

（五）浙菜

浙菜由杭州菜、宁波菜、绍兴菜三方风味组合而成，种类丰富，常以南料北烹，使得南北风味交融在浙菜之中。杭帮菜精细地烹饪淡水鱼虾，口感清鲜脆嫩，在全国都十分受欢迎；宁波菜在烹饪技法上以炖、烤、蒸为主，常将鱼干制品成菜，口味咸鲜；绍兴菜口味浓厚，令人回味无穷。西湖醋鱼、东坡肉、龙井虾仁、西湖莼菜汤等是浙菜中的名菜。

（六）闽菜

闽菜即福建菜，因为这里曾为百越之地，在与少数民族交流的过程中，在保留自身特色的同时，也吸收了众多外来饮食风俗，所以，闽菜是南方菜系中颇具特色的一个菜系。因靠山沿海，海鲜及山野蔬菜等新鲜食材成为闽菜的主要原料。炖、蒸、煨、氽是闽菜常用的烹饪方法，佐料讲究，口味以甜酸、甜辣为主。闽菜注重调汤，汤汁或清淡或浓稠，都能恰当地与食材搭配，满足人们挑剔的味觉。闽菜著名的风味菜点有佛跳墙、鸡汤氽海蚌（见图2-33）、八宝鲟饭、白炒鲜竹蛏、太极芋泥、淡糟香螺片、爆炒双脆、南煎肝、荔枝肉、醉排骨、荷包鱼翅、龙身凤尾虾、翡翠珍珠鲍、鸡茸金丝笋、肉米鱼唇、鼎边糊、福州鱼丸、肉燕、漳州卤面、莆田卤面、海蛎煎、沙县拌面、扁食、厦门沙茶面、面线糊、闽南咸饭等。

图2-33 鸡汤氽海蚌

（七）湘菜

湘菜就是湖南菜，口味偏重酸辣。湖南地处在我国中南，地势较低，气候暖湿，酸辣口味可以祛湿祛寒。同时酸辣也为菜品增香解腻，刺激人们的味蕾，增加食欲，使得湖南菜广受喜爱。地理因素也催生了湘菜中的熏腊制品，食品经熏腊处理后易于保存，更使得食材别具风味。湘菜中，腊味合蒸、口味虾、臭豆腐、麻辣仔鸡等都是颇具代表性的菜肴。

（八）皖菜

皖菜即安徽菜，皖南菜是皖菜中最具代表性的。皖菜因南宋时徽商的发迹而兴起。山珍野味、河鲜家禽，尽入其味。皖菜以烧、炖、蒸、熏为主要烹饪技法，口味一般较为厚重。著名的皖菜有无为熏鸭、火腿炖鞭笋、符离集烧鸡等。

> **知识链接**
>
> 中国饮食文化在几千年的发展过程中，分流并独立出了茶文化与酒文化。
>
> 相传早在5 000年前的《神农本草》就有记载"神农尝百草，日遇七十二毒，得荼而解之"，"荼"指的是苦味的植物叶子，是茶的古字。东汉神医华佗在《食论》中说"苦荼久食，益意思"，说出了茶有利于头脑清醒、思维敏捷的医学价值。西汉已用"茶陵"（湖南的茶陵）来命名茶的产地。三国魏时张揖《广雅》中最早记载了茶饼的制法和饮用方法。茶饼的饮法像米汤，先将茶烤成赤黑色，再捣成末，用葱、姜、橘子等作料一起烹煮，喝了有解酒醒神的功效。此时，茶文化已经萌芽，之后形成于宋，普及于明清。
>
> 随着茶文化的进一步发展，它不仅具有增进人的健康、促进经济发展和弘扬传统文化的功能，也发挥着陶冶个人情操、协调人际关系和净化社会风气的功能。
>
> 茶文化在发展过程中，还形成了大众茶俗和文人茶趣，衍生出茶艺与茶道。茶道是茶文化的核心，尚和、求雅、贵真、重礼是茶道精神的精髓。
>
> 中国酒历史绵长，与中国人的生活息息相关。中国人早在3 000多年前的商周时代，就独创了酒曲复式发酵法，开始酿制黄酒，黄酒是世上最古老的酒类之一。随着农业和经济的发展，酿酒技术越来越完善，古书中常出现"琼浆玉液"等词汇，表明人类不仅已经懂得酿制多种酒类，并且能够鉴别酒的质量。到了宋代，中国人发明了蒸馏法，从此，白酒上席，成为中国人最常饮用、最具代表性的酒类。如今，酿酒技术已经非常完善，美酒佳酿越来越多，名酒荟萃，享誉海内外。
>
> 民间大众饮酒，并不将其作为单纯的饮料来看待，从古至今，酒可用以治病，用以养生，用以忘忧，用以成礼，用以庆贺，用以壮胆，从饮食养生到文化娱乐再到人际交往，酒在中国人生活的方方面面发挥着重要的作用，还形成了酒德与酒礼及相应的饮酒风俗。此外，酒还与书画联系紧密，名作不胜枚举。

三、行止有常的起居与出行

（一）住宅环境与起居礼仪

我国古代非常重视住宅环境，原始社会的西安半坡人的室内空间已经有了科学的功能划分，且对装饰有了最初的运用。夏商时期的宫室建筑空间就已经秩序井然、严谨规整。

中国古代住宅以合院式为主，讲究对称，前后串连，通过前院到达后院，形成一院又一院层层深入的空间组织，住宅内部的陈设随着建筑的发展以及起居习惯不断演化。

一般来说，中国古代的住宅用墙围住，最外面是大门，大门左、右各一间为塾。门内为庭（院子），讲究的住宅还要设一道二门（闱），又称寝门，大门与二门之间的院落为外庭，二门以内为主人起居的建筑，为内庭，由堂、室、房组成，一般都是坐北朝南。最前面的是堂，堂前有阶，堂后有户，由户通室，室中布席。堂是活动和待客行礼的地方，堂东、西两面墙称序，堂靠庭的一边有两根柱子，称东楹和西楹。堂前有两个阶梯，称东阶和西阶。古人在室外尊左，因此西阶是宾客走的。室在堂后，有户相通。室堂之间有窗，称牖，户偏东，牖偏西。室的北面墙上还有一个窗子，称向。

室内家具陈设方面，由于跪坐是当时主要的起居方式，所以室内只有席、俎、禁（置酒器具）等矮型家具。

南北朝时期以前没有桌椅凳，坐时在地上铺张席子，席地跪坐为居家常态。席的质料、色彩不同，使用有不同礼法要求，讲究一点的，坐时在大席子上再铺一张小席，谓之重席。

汉朝时床主要供坐，几案可放床上，人们在床上休息、用餐、会客。古代的室内常常置帘与帷幕，地位较高的人或长者往往也在床上加帐幔，夏天可避蚊虫，冬天可避风寒，同时能起到装饰居室的作用。

三国两晋南北朝至隋唐时期，合院布局多有明显的轴线，并且左右对称。随着民族大融合，室内装饰与陈设也发生很多变化，最重要的就是高坐具的兴起。

隋唐时期，上层贵族逐渐形成垂足而坐的习惯，长凳、扶手椅、靠背椅以及与椅凳相适应的长桌、方桌也陆续出现。至唐朝末期，各种家具类型已基本齐备，室内空间处理和各种装饰开始发生变化。

知识链接

"一腿三牙罗锅枨"和炕桌是两种典型的传统家具。

"一腿三牙罗锅枨"（见图2-34）是一种标准的明朝家具样式。罗锅枨指传统家具中用于桌椅类家具之下连接腿柱的横枨，因为中间高、两头低，形似驼背（罗锅）而命名。牙子指传统家具中立木与横木的交角处采用的连接构件。"一腿三牙"指家具腿的正面与侧面、腿与台面的角上各有一个牙子。"一腿三牙罗锅枨"方桌的每一条腿与三块牙子相交，下又有罗锅枨，造型简练，线条流畅。

炕桌（见图2-35）是一种可放在炕、大榻和床上使用的矮桌子，通常高20～40厘米。描金是中国传统漆器工艺，通常在漆地子上先用金胶漆描绘花纹，然后把金箔或者是金粉粘上去，在黑色等单色底子上描金的装饰效果尤其出众。乾隆万寿庆典时使用了一张黑漆嵌玉描金百寿字炕桌，通体髹黑漆，黑色桌面有描金篆书"寿"字120个，桌面边描金框一周，束腰下和腿牙边都有描金线条，上有描金团寿字。另外，此桌还在腿牙和万字锦地上嵌玉蝙蝠、寿桃等装饰。整体效果上，黑漆与描金、嵌玉等多种装饰金玉交辉。

图 2-34 "一腿三牙罗锅枨"

图 2-35 炕桌

宋朝至清朝时期是我国住宅起居文化成熟的时期。宋朝在厅堂与后部卧室之间用穿廊连成丁字形、工字形或王字形平面。明清时期，这种合院组合形式已经非常成熟、稳定，成为中国住宅的主要形式。北方住宅以北京的四合院住宅为代表，内部根据空间划分的需要，用各种形式的罩、隔栅、博古架进行界定和装饰。南方多合院式的住宅，最常见的就是天井院，以长方形天井为核心围以楼房。一层的中央开间是家人聚会、待客、祭神、拜祖的地方，置放一张几案，上置祖先牌位、烛台及香炉等，几案前放一张八仙桌（见图2-36）和左、右各一把太师椅用以待客，堂屋两侧沿墙也各放一对太师椅和茶几。堂屋两边为主人的卧室。

宋朝完全改变了跪坐习惯，桌椅等家具因而十分普遍，家具的尺度也相应地增高了。明清时期，室内装饰出现了很多灵活多变的陈设，书画、挂屏（见图2-37）、文玩、器皿、盆景、陶瓷、楹联、灯烛等都成为中国传统室内布置的重要内容。

图 2-36 八仙桌

图 2-37 挂屏

古人在室内很讲究座次，屋内四角各有专名，即西南角称奥，西北角称屋漏，东北角称宧，东南角称窔。其中，奥是室内的祭祖之所，室内四个角中以奥的位置最为尊贵，所以在室内以坐西向东的位置为最尊，其次是坐北向南，再次是坐南向北，坐东向西的位置最卑。

（二）交通出行

在交通方面，商朝已经懂得夯土筑路，并出现了大型木桥，殷墟发现有碎陶片和砾石铺筑的路面。周朝道路建设和管理已经见雏形，周朝的道路分为经、纬、环、野四种，其中郊外道路又分为路、道、涂、畛（田地间的小路）、径五个等级，各种道路都根据其功能规定不同的宽度。朝廷中由司空掌管土木建筑及道路，规定"司空视涂"并"列树以表道，立鄙食以守路"（《国语·周语》），这是道路定期维护、道路绿化和交通标志的萌芽。

周朝还在交通要道上建立交通服务设施，"凡国野之道，十里有庐，庐有饮食；三十里有宿，宿有路室，路室有委；五十里有市，市名候馆，候馆有积"（《周礼·地官司徒》）；在发达的交通系统之上形成了有组织的邮传体系，秦汉以后建立了统一的建制驿站（见图2-38），唐朝时驿站已经遍布全国，除马递外，还有舟递，形成以长安为中心的水、陆驿传网。

在出行方面，陆行的主要工具是车，其中以马车最为常见；水行的主要工具是木制的舟船。与此相关，出行礼仪是我国

图 2-38　古代驿站遗址

古代礼制的一个重要组成部分，历代帝王都对车服品级制度做出规定，任何人不得僭越，这种礼制首先表现在骑乘权上，即对车辆、马匹、舆轿等交通工具的使用有尊卑贵贱之分，仅允许一部分人骑马、乘车、坐轿，在享有骑乘权的人的内部，所乘交通工具的类型、数量、制造材料及其装饰、颜色、车上插的旗帜等也被严格规定，彼此间等级的高低和身份的差异就此直接显示出来。其次，礼制在行路秩序上也有直接体现，如在交通规则中明确规定"行路贱避贵"等。

思考与实践

在充分了解古代婚俗的基础上，自编自导，分组进行情境表演，再现古代结婚"六礼"中的某个环节；分析现代彩礼与"六礼"中哪个环节相似，有什么异同，进而树立正确的、积极向上的恋爱观、婚姻观。

主题二　人间风韵——家园乡土与风俗人情

悠悠岁月　中国古代节庆与民间游艺

中国古代节庆民俗也可以称为中国传统节庆民俗，它是中华民族共同创造、发展和传承下来的优秀传统文化。中国传统节庆民俗根植于古代农耕文明，体现出浓厚的伦理观念，具有丰富的文化内涵。

一、中国传统节庆及其特点

（一）中国传统节庆

中国传统节庆主要有春节、清明节、端午节、乞巧节、中秋节、重阳节等，择要介绍。

1. 春节

春节是中华传统中最重要的节日，是欢喜团聚、普天同庆的佳节。

春节的主题是辞旧迎新、阖家团圆，以岁首为界，明显分为辞旧和迎新两个部分，岁前主要是辞旧驱邪，岁后主要是迎新纳福。比如，春节的一个重要民俗活动——祭祖，就明显分为两部分：一是岁首前进行的，如祭祖灶神、土地神、井神、河神等，这是远古先民与自然和谐统一的写照，表达了一年终了，先民们感念大自然的恩赐，是对过去一年的总结感恩；二是敬仰古圣先贤和宗族祖先而举行的祭祀，通常在除夕夜和正月进行，慎终追远，感念祖先的恩德，祈祷祖先"在天之灵庇佑儿孙"，更多地寄托了对于未来的希望。

春节期间，岁前的主要民俗活动有喝腊八粥、祭灶神、扫尘、理发、贴春联福字等。

> **知识链接**
>
> 农历腊月初八日称腊八，从先秦起，腊月里国君就要进行祭祖神灵、祈求丰收和吉祥的腊祭，将八种蔬、果、干物搅和在一起，煮熟成粥，庆丰收并祷祝来年风调雨顺。这种习俗后来逐渐传入民间，喝腊八粥的风俗到宋朝已十分风行。腊八粥的具体做法各地不一，反映了各地不同的文化风俗和气候物产。
>
> 小年为农历腊月二十三或二十四，是民间祭灶神的日子。传说灶神是长年驻扎在百姓灶头的神，关于灶神的习俗充满了亲切的气息。祭灶活动始于原始的火神祭祖，早期祭灶多采取月祭，宋朝形成规程每年腊月二十四祭灶。小年这一天除了祭灶神以外，还有除尘等活动，实际是春节期间一系列准备工作及各种活动的开始，很多人觉得从这一天开始，春节的大幕正式拉开。

腊月三十夜是每年农历腊月最后一个晚上，称为除夕，它与春节（农历正月初一）首尾相连。"除夕"中的"除"字是"去除"的意思，"除夕"的意思是旧岁至此而除，来年另换新岁。除夕是辞旧迎新、万象更新的节日，是春节期间最重要的一天。

除夕的活动内容丰富，各地风俗不同，但都围绕着除旧布新展开，包括祭祖、守岁、团圆饭、贴年红等习俗。

祭祀祖先是除夕的第一件大事。中国人怀着传统慎终追远的观念，在除夕夜除旧迎新之际追念祖先，希望祖先能够保佑祖孙后代。各地祭祖礼俗不同，形式各异，有的去宗祠祭祖，有的去墓前祭祖，大多数是在家中正厅摆放牌位或画像，陈列供品，然后祭拜。

除夕的年夜饭也称团圆饭，在中国人心中具有特殊意义，漂泊再远的游子这一天也要赶回家和家人一起吃年夜饭。年夜饭使家人之间的关系更为紧密，让人感受到家庭的温暖和安慰。年夜饭各地都有很多讲究。一般北方人过年习惯吃饺子，而南方人依然以饭菜为主，餐桌上的菜讲究好彩头，如鱼意味着"年年有余"，圆子意味着"团团圆圆"，发菜意味着"发财"等。

除夕夜守岁也是一项流传久远的习俗，早在西晋《风土记》中就有明确记载："终夜不眠，以待天明曰守岁。"吃过年夜饭，点燃家中所有房间的灯火，通宵不灭称为"燃灯照岁"，全家围坐闲聊或消遣，共同送走旧的一年，迎接新年到来，有的地方要守到天明。守岁象征着把一切邪瘟病疫驱走，新的一年吉祥如意、前途光明。

除夕夜贴年红也是流传很广的习俗。年红包括春联、福字、剪纸、年画等不同形式（见图2-39、图2-40）。剪纸、年画流行在一定区域内，各地普遍贴的都是春联和福字。

图2-39 春联、福字、剪纸

图2-40 年画

主题二　人间风韵——家园乡土与风俗人情

> **知识链接**
>
> 春联是从原始的桃符（见图2-41）发展来的，有历史记载的对联最早出现在三国时期，宋朝人们已经在桃木板上刻字创作对联，后来发展为在象征喜气吉祥的红纸上写对联，新春之际贴在门窗两边，表达新春美好的愿望。春联是中国文学和中国书法完美结合的艺术，是优秀的中国传统文化遗产。

图2-41　桃符

爆竹至今已有2 000多年的历史。传说为了驱赶怪兽"年"，古人会点燃竹子，利用竹子燃爆的噼啪声赶走怪兽。放爆竹这一风俗从一开始就起着驱逐瘟邪、祈求吉利平安的作用。火药发明之后，人们将硝石、硫黄和木炭等填充在竹筒内燃烧，产生了爆仗，后来又用纸筒和麻茎裹火药编成串做成编炮（鞭炮）。新年到来之际，家家户户开门的第一件事就是燃放爆竹，用爆竹声创造出喜庆热闹的气氛除旧迎新。但是，在现代人口密集的城市中，爆竹会带来空气污染和噪声污染，并且有一定的火灾和人身安全隐患。近年来，很多城市已经出台了烟花爆竹禁放令。

春节期间还有很多丰富多样的民俗活动，如压岁、拜长辈、访亲友、逛庙会（见图2-42）、舞狮、舞龙、观花灯（见图2-43）、闹元宵、踩高跷、扭秧歌等。

图2-42　逛庙会

图 2-43 观花灯

2. 清明节

清明是二十四节气之一,在中国岁时体系中有着特殊的地位,是中华民族的重大纪念日。

清明节在历史演变中主要是吸收、融合了寒食节与上巳节的习俗,主要节日内容是祭祖和踏青,兼具自然与人文两大内涵。

清明是杨柳发芽抽绿的时间,民间有折柳、戴柳、插柳(见图 2-44)的习俗。人们或将柳条插于房檐、轿乘或编成帽子戴于头上。相传此俗是为了纪念"教民稼穑"的神农氏,也有说是避免疫病、祈寿之意。

清明节还有荡秋千(见图 2-45)、放风筝的活动。

图 2-44 清明折柳

图 2-45 荡秋千

主题二　人间风韵——家园乡土与风俗人情

> **知识链接**
>
> 风筝也是中国古代的一项发明。最早的风筝由木头制成，叫"木鸢"。大约在西汉初年，木鸢改用竹子和丝绸制作，后又改为纸张，于是，"木鸢"也就改名为"纸鸢"。南北朝时期的古籍中，已屡屡出现"风筝"一词。明清之际，是风筝鼎盛时期。风筝不仅白天放，夜间也放。夜里在风筝拉线上挂上一串串彩色的小灯笼，像闪烁的星星，被称为"神灯"。旧时，人们把风筝放上蓝天后，便剪断牵线，据说这样能除病消灾，给自己带来好运。

3. 端午节

农历五月初五是中国传统的端午节。关于端午节的起源，流传最广的是纪念屈原说。传说楚国大夫屈原报国无门，在得到国家灭亡的消息后，自沉汨罗江，楚国人民怜其情可哀，念其人可敬，为了不让河中鱼、龟等动物吃掉屈原的身体，纷纷向水中投粽子，并敲锣打鼓、划龙舟惊吓驱赶它们。

端午节习俗甚多，各地过法不一，但悬挂艾叶或菖蒲（见图2-46）、佩香囊、食粽子与赛龙舟是普遍习俗。艾草代表招百福，是一种可以治病的药草；菖蒲则具有提神通窍、杀虫灭菌的功效。人们将两者挂于门上，以期辟"恶日"、护健康。

2009年9月，联合国教科文组织正式审议并批准中国的端午节列入世界非物质文化遗产名录，成为国内首个入选世界非物质文化遗产的节日。

图2-46　悬挂菖蒲

4. 中秋节

中秋节是我国的传统佳节，节期为农历八月十五。中秋节有许多别称，因其节期在八月，又称"八月节"；又因节日的主要活动与月亮有关，俗称"月节""月夕"；中秋月亮圆满，象征团圆，所以又称"团圆节"。

中秋节的习俗主要是家人团聚，共赏明月，共食月饼，共享天伦，各地还有祭月吃螃蟹、陈列瓜果石榴、观潮、观灯等习俗，流传至今，经久不衰。无论有什么习俗，中秋节体现的都是中国人对家庭团聚的强烈追求、对亲人和故乡的深情厚谊。关于中秋节的民族记忆和民族感情千百年来渗透在中华民族的血液之中，成为中华民族凝聚力的重要组成部分。

（二）中国传统节庆的特点

1. 稳定性

一般来说，一个民族赖以生存的社会、历史和自然条件以及民族大众的共同心理情感，会在很长时间内保持不变，随之养成的民族风俗习惯也会长期存在、相对稳定，不会随社会经济生活的发展变化而轻易变动。

2. 传承性

民族风俗是一个民族长期人文积淀的反映，具有随时间传衍的连续性。民俗习惯靠上一代向下一代传授，是民族后代习得知识和生活经验的重要渠道。

3. 地域性

我国幅员辽阔，各民族居住地区的自然、地理、气候和经济条件有很大差异，这种情况导致在各民族之间和民族内部不同地区之间，形成不同风俗习惯。各个民族依自己的特殊环境形成了风俗文化小传统，同一种民俗在各地也会出现不同形态，会有各自的特点。

4. 变异性

民族民俗在传承与传播过程中并非一成不变。自然与社会环境的变化、人们生活状况的变化，也会引起人们生活习俗的变化。中国几千年来战乱频仍，人们大规模迁徙是常有的事，随着居住地的变化，各民族文化交叉融合、相互变异。这种变异性是民俗的显著特征之一。

5. 禁忌性

民族风俗是民族生活方式的反映。各民族由于历史和文化传统、心理素质和情感内涵的差异，产生了各自民族的风俗禁忌。在社会交往和政治生活中，需要我们了解和尊重这些禁忌，慎重对待。

> **小组活动**
>
> 我国还有哪些传统节日？它们的起源和习俗是什么？请小组合作，搜集资料，制作小视频排演相关情景剧，以更好地向人们推介，为传播和弘扬传统文化贡献力量。

二、中国传统民间游艺

中国传统民间游艺指的是各种民间娱乐活动，一般指世代相传于人民群众中、具有竞技意味或者具有表演性质而又非正式的娱乐活动，主要包括民间口头文学、民间歌舞、民间戏曲与曲艺、民间竞技与游戏等。

主题二　人间风韵——家园乡土与风俗人情

中国传统民间游艺主要有以下特点：在特定人群中流行，富于乡土气息，如吴桥杂技、陕西皮影（见图 2-47）、各地小剧种等；部分传统民间游艺有明显的时令，如庙会中的种种表演、节庆日的舞狮和舞龙等；娱乐性与竞技性相融合，如打秋千、踢毽子、跳皮筋等。

图 2-47　陕西皮影

思　考

中国传统民间游艺有哪些现代意义？

（一）民间歌谣

民间歌谣是人民群众口头创作的短篇诗歌，可以唱的称为民歌，只说不唱的称为民谣。

中国传统民间歌谣流传下来的数量非常丰富，比较著名的有山歌、信天游、花儿、小调、号子等。我国南方各省对民歌统称山歌，这一名称最早见于唐朝。总体来说，山歌风格清婉悠扬，旋律抒情流畅，形式多种多样。

另外，民歌还可以按演唱场合分为小调和号子。小调一般在休闲娱乐的场合演唱，其中不乏悲切伤感或柔美缠绵的抒情佳作。号子起着在劳动场合统一劳动步调、解除劳动疲乏的作用，所以又称为劳动号子，风格坚定豪迈，节奏强烈，形式一般是一领众和。

（二）民间舞蹈

最早的民间舞蹈是原始的劳动舞和宗教祭祖舞，所以，很多民间舞蹈都是对人民群众劳动生活的艺术化提炼，如汉族的秧歌舞、采茶舞、花鼓舞、花灯舞，傣族的孔雀舞，苗族的芦笙舞，蒙古族的盅碗舞（见图2-48）等都非常精彩。

因为歌、舞、乐通常是三位一体的游艺民俗形式，所以民间舞蹈又常被称为民间乐舞。例如，山西腰鼓舞为边敲鼓边舞蹈，秧歌舞、花鼓戏等常用固定的乐队在一旁伴奏。

（三）民间曲艺

民间曲艺是以说唱为主的艺术表演形式，一般会使用各地方言并与地方乐调相结合，具有鲜明的地方特色。据统计，全国有300多个曲艺种类，影响较广的曲艺种类有评书、相声、大鼓、弹词、数来宝等。

图2-48　盅碗舞

评书又称说书，源于唐朝的"俗讲"，宋朝开始流行，现在通行于中国大部分地区。

相声是以说为主的重要曲艺种类，它从戏曲、独角戏、口技、评书、杂耍乃至街巷叫卖声中广泛吸取营养，丰富自身的表演手段，用笑话、滑稽问答、说唱等引起观众发笑。

相声的表演方式多为两人对说，主角称逗哏，配角称捧哏，也有单口和群话（三人以上合说）形式。

图2-49　天津劝业场

相声有三大发源地：北京天桥、天津劝业场（见图2-49）和南京夫子庙。

大鼓主要流行于中国北方诸省市的广大城镇与乡村，其表演形式大多为一人自击鼓、板，一至数人用三弦等乐器伴奏，也有仅用鼓、板的。

弹词主要流行在南方。表演形式一般是由两个人弹唱，一人弹三弦，一人弹琵琶，自弹自唱，说唱结合，以唱为主。著名的弹词有苏州弹词，使用苏州方言，唱腔丰富多彩，流派纷呈。在苏州，评话称为大书，弹词称为小书，两者合称苏州评弹。

数来宝又名顺口溜，原是乞丐在店铺门前演唱索钱的手段，部分艺人演唱民间传说和历史故事，打板的技巧更加高明，增强了描述情景、刻画人物的表现力。数来宝逐渐演变为快板书，其中山东快板书在全国影响较大。

（四）民间竞技和游戏

民间竞技是一种以竞赛体力、技巧、技艺为内容的娱乐活动，主要有龙舟竞渡、跳绳、棋类、拔河等。

民间游戏指流传于广大人民生活中的嬉戏娱乐活动，俗称玩耍。它是日常生活中最普遍、最有趣味、具有参与性的活动。有些民间游戏项目在发展中逐渐完备，最后形成了竞技项目或杂技艺术。民间游戏种类很多，如划拳、包袱剪子锤、击鼓传花、捉迷藏、老鹰抓小鸡、跳房子、放风筝、猜谜语、折纸等。

民间游戏具有浓郁的生活气息，简单易学，趣味性强且种类繁多，对促进儿童身心发展有着不可低估的作用。

思考与实践

> 以"外国友人来过年"为主题，假设你邀请了学校的外国朋友寒假期间去你家过春节，你要好好接待朋友，让他体会到中国传统文化中的节庆民俗，并向他介绍宣传美丽的家乡。请你首先做一个社会调查，收集、整理家乡的春节风俗、待客礼仪，全面了解家乡风貌，然后根据家乡特色设计接待方案。

江南海北　中国地域文化

地域文化又称为地方文化。在我国，地域文化是指同一个文化区内源远流长、独具特色、仍在发挥作用的文化传统。它通常具有独特的地域烙印，所谓的"百里不同风，千里不同俗"就是地域文化的真实写照。

中国地域文化主要可以分为农耕文化和游牧文化两种。其中，农耕文化包括三晋文化、三秦文化、燕赵文化、齐鲁文化、巴蜀文化、荆楚文化、吴越文化以及岭南文化等。

一、三晋文化

三晋文化的地域位于太行山与黄河中游的峡谷之间，东至太行山，西至黄河，南以黄河或者汾水为界，北边与草原文化接壤，四周山环水绕，整个地貌是一个被黄土覆盖的山地型高原，高原内部起伏不平，因战国时期的韩、赵、魏三家分晋（中国春秋末年，晋国被韩、赵、魏三家瓜分的事件。在历史上,"三家分晋"被视为春秋之终、战国之始的分水岭)而得名。

地处黄河中游的三晋地区是我国古代文明的策源地之一,留下许多丰富的文化、物质财富。三晋地区的根祖文化形成了儒家思想的主流内涵。

此外,晋北地区属于北方游牧民族文化圈的边缘地带,而晋南地区则处于中原文化的中心地带,两种文化在三晋地区相互碰撞融合,通过对外来文化的吸收、融合,三晋文化形成兼容并包、黜华尚实的特点。

三晋文化的代表性文化现象有晋菜、晋剧、晋商文化等。

二、三秦文化

"三秦"之称始于秦汉之际雍王、塞王、翟王三分原秦国疆土,后衍变为陕西的代称。

三秦地区地处祖国内陆,地形较为封闭,主要由黄土高原、渭河平原、秦巴山区组成,其中渭河平原作为三秦文化的主要载体在中国历史上具有重要地位,其文化影响时间长久。渭河平原三面环山,东面临水,土壤肥沃,气候适宜,灌溉便利,是中国重要的农业区。三秦地区早期具有开拓精神,后期逐渐趋向封闭保守,表现为既有纳异进取的开放精神,又有酷爱传统文化的怀古趋向,汉唐文化的延续影响较深。

三秦文化的代表性文化现象有面食文化、陕北窑洞(见图 2-50)、民间剪纸、窗花、秦腔、安塞腰鼓等。

图 2-50 陕北窑洞

三、燕赵文化

燕赵文化以春秋战国时期燕赵旧地为核心地区,具有悠久的历史,对周边地域产生了广泛而深远的影响。

从地貌看,燕赵文化所在区域山地、高原、丘陵、平原、盆地五种基本地貌类型齐全;从气候看,古代(至少在唐朝以前)燕赵地区湿润多雨,山高水深,森林茂密,禽兽繁多。特殊的地理环境,造就了燕赵文化独有的特点:一方面,具有华北地区深厚的农耕文化特点;另一方面,明显地受到草原游牧文化的影响,具有浓郁的战争文化色彩,本地人民擅长骑射,惯见刀兵。所以燕赵文化具有民俗古朴厚重、民风尚义任侠的特点。

燕赵文化的代表性文化现象有京剧、河北梆子、吴桥杂技以及特色建筑等。

主题二 人间风韵——家园乡土与风俗人情

知识链接

吴桥杂技，河北省吴桥县地方传统杂技，2006年被国务院列入国家级非物质文化遗产名录。

吴桥杂技（见图2-51）是流传在吴桥县域的民间表演艺术，起源于春秋战国，汉、唐达到鼎盛，宋代走向了民间。吴桥杂技展示人体技能技巧，门类齐全，节目阵容庞大，包括耍弄技艺、乔装仿生、动物驯化、硬气功、魔术等七大门类，共有1 100多个表演节目。吴桥杂技有自己的行业神——吕祖吕洞宾，具备完整的行业文化体系，素有"十方杂技九籍吴桥""没有吴桥人不成杂技班"之说。

图2-51 吴桥杂技

四、齐鲁文化

齐鲁文化所在地域东临大海、西接中原、北傍燕赵、南依徐淮，是连接华东与华北、大海与中原的纽带，地形多样。

西周分封，齐国和鲁国为大国，礼乐制度盛行，在文化上代表华夏文化传统的正宗，对中华文化的发展产生了深刻的影响。

齐文化与鲁文化早期的发展并不相同，相对来说，齐文化尚功利、求革新，鲁文化重伦理、尊传统。秦汉以后，在封建统一的政治体制下，齐文化与鲁文化才逐渐融合，成为中国统一的地域文化的重要组成部分以及中国传统文化的主干。

齐鲁文化的代表性文化现象有儒家文化、泰山封禅文化、鲁菜、山东快板、《水浒传》等。

五、巴蜀文化

巴蜀文化是巴文化和蜀文化的合称。广义的巴蜀文化指整个四川省、重庆市及其周边地区的文化。巴文化和蜀文化是两种非常古老的文化，在早期的发展过程中受地理环境的制约，形成了相对独立发展的历史格局，曾经在相当长的历史时期不为巴蜀地区以外的人们所知。前316年，巴、蜀统一于秦，进入了中国大一统的政治结构，但一直以郡、州、道等行政区划形式存在。隋唐以后，"巴蜀"才作为地区的代称在各种场合广泛使用。

巴蜀先民历经重重困难，克服巴蜀地区的地理障碍，促进了其与四方的政治、经济、文化的交流，使巴蜀地区成为中国西南方各种文化交流的要道。在这一过程中，巴蜀文化形成了兼容和开放的特点，巴蜀人民性格热烈、诙谐，民俗丰富。

巴蜀文化的代表性文化现象有蜀锦、川菜、川剧等。

知识链接

川剧，俗称川戏，主要流行于中国西南地区川渝云贵四省市的汉族地区，是融汇高腔、昆曲、胡琴（皮黄）、弹戏（梆子）和四川民间灯戏五种声腔艺术而成的传统剧种。

川剧是汉族戏曲剧种之一，流行于四川东中部、重庆及贵州、云南部分地区。

川剧脸谱（见图 2-52），是川剧表演艺术中重要的组成部分，是历代川剧艺人共同创造并传承下来的艺术瑰宝。

川剧由昆腔、高腔、胡琴、弹戏、灯调五种声腔组成。

川剧分小生、须生、旦、花脸、丑角五个行当，各行当均有自成体系的功法程序，尤以"三小"，即小

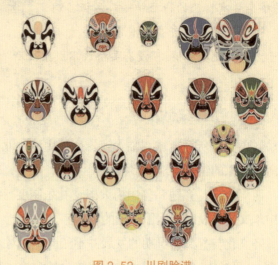

图 2-52　川剧脸谱

丑、小生、小旦的表演最具特色，在戏剧表现手法、表演技法方面多有卓越创造，能充分体现中国戏曲虚实相生、遗形写意的美学特色。

2006 年 5 月 20 日，川剧经国务院批准列入第一批国家级非物质文化遗产名录。

图 2-53　变脸装扮

川剧演出中，随着剧情的转折、人物内心世界的变化，脸谱也需相应发生变化。如何在一出戏里让脸谱发生变化，川剧艺人创造发明了变脸（见图 2-53）、扯脸和擦暴眼的特技。这些特技都是在舞台演出现场，在不能被观众察觉的前提下使用的，以达到人物脸谱瞬间变化的强烈演出效果。

六、荆楚文化

荆楚地区地处长江中游两湖地区，江汉平原沃野千里，气候温暖湿润，草木茂盛，四季色彩鲜明。荆楚文化因楚国而得名，是华夏文化的主流与上古的三苗文化等当地原始文化相结合而产生的一种地域文化。

荆楚文化具有鲜明的地域特色，精神上兼容并蓄、革故鼎新、崇武爱国，心理上崇尚自然、天人合一、浪漫奔放。

荆楚文化的代表性文化现象有屈骚庄文、漆器、编钟、湘绣、傩戏等。

七、吴越文化

吴越文化以太湖为中心，包括今江苏、浙江、上海地区，影响可达安徽东部和江西东北部。吴越地区气候温和，土地肥沃，水网密布，雨量充沛，农业极为发达。在早期发展过程中，吴文化与越文化走的是不同的发展道路，太湖地区属于越文化的范围，宁镇地区是吴文化的中心，但因地理位置相邻，自产生就开始互相渗透。越灭吴之后，吴文化与越文化逐步融为一体，形成了吴越文化。

吴越文化有兼容并蓄、聪慧机敏、务实求真、敢为人先的特点。

吴越文化的代表性文化现象有苏绣、苏州园林（见图2-54）、瓷器、苏菜、昆曲等。

图2-54　苏州园林

八、岭南文化

岭南文化是南方地区文化的代表，其主要地域范围为广东、广西、福建和海南。岭南地区地少山多，农业发展受到局限，但商业贸易和渔业发达。

岭南文化与中原地区诸文化有着明显不同的文化发展模式，中国传统主流文化是明显的大陆性文化，而岭南文化成熟较晚，它的形成过程是农业文化和海洋文化不断融汇、发展的过程，也是各民族文化之间及中华文化与域外文化交流、融合的过程。

岭南文化具有内涵丰富、务实顽强、适应性广泛的特点。岭南文化的代表性文化现象有粤菜、粤派建筑（见图2-55）、舞狮等。

图2-55　粤派建筑——镬耳屋

九、游牧文化

游牧即不定居地从事放牧。游牧与农耕是古代世界两种不同类型的社会经济生产方式。在游牧生产方式的基础上形成了游牧民族独有的社会文化。

游牧文化从本质上讲是一种民族文化，是北方诸多游牧民族在漫长的历史过程中共同创造、传承、发展而来的，并和农耕文化一起成为中国传统文化的重要组成部分。

游牧文化形成于春秋战国时期，欧亚草原和中原地区的影响对其都起了很大的作用。生态环境的相似使得北方各地的经济类型逐渐向游牧化发展，整个欧亚草原的游牧化使得草原上的文化高度一致，但游牧文化无法完全摆脱对农耕文化的依赖。

春秋战国时期，各国不断扩张征战并开始修建长城，给北方地区带来巨大的政治和军事压力，也加速了游牧文化的形成。

总体来说，我国古代游牧文化表现出频繁进行民族迁移、有军政合一的氏族部落政权制度、有全民族统一的宗教信仰等特色。

游牧文化的代表性文化现象体现在藏族、蒙古族、维吾尔族等民族特有的服饰、歌舞、建筑、饮食等各个方面。

各具鲜明特色的地域文化是文化在漫长的历史时期内在特定区域内人群中积淀后的结果，可以说，地域文化实际是中国传统文化在不同自然和人文环境下的具体体现，传承和弘扬地域文化中的精华内容和优秀因子，就是脚踏实地地传承和弘扬中国优秀传统文化。

思考与实践

> 我国地域辽阔，不同地域地理环境、自然条件千差万别，加之以政治、经济、历史等各方面因素的影响，在中华大地上形成了各具特色的地域文化。
>
> 请同学们为自己的家乡设计一个微信公众号，要求有鲜明的名称，有一句话简介，有特色图片、视频展示，有推介方案。

模块三

传统与现代

主题

创新传承——中国优秀传统文化的现代化进程

继承发展 社会主义核心价值观的传统文化底蕴

社会主义核心价值观的基本内容是富强、民主、文明、和谐、自由、平等、公正、法治、爱国、敬业、诚信、友善。其中，富强、民主、文明、和谐是我国社会主义现代化国家的建设目标，也是从价值目标层面对社会主义核心价值观基本理念的凝练，在社会主义核心价值观中居于最高层次，对其他层次的价值理念具有统领作用。自由、平等、公正、法治是对美好社会的生动表述，也是从社会层面对社会主义核心价值观基本理念的凝练。它反映了中国特色社会主义的基本属性，是我们党矢志不渝、长期实践的核心价值理念。爱国、敬业、诚信、友善是公民基本道德规范，是从个人行为层面对社会主义核心价值观基本理念的凝练。它覆盖社会道德生活的各个领域，是公民必须恪守的基本道德准则，也是评价公民道德行为选择的基本价值标准。

社会主义核心价值观是实现中华民族伟大复兴的思想基础，是中国优秀传统文化在社会主义新时期创造性的转化。

一、富强、民主、文明、和谐

富强即国富民强，是中华民族梦寐以求的美好夙愿，也是国家繁荣昌盛、人民幸福安

康的物质基础。

在儒家的政治理想中，富强是实现王道政治的首要法则，"以富邦国""以富得民"（《周礼》）。以儒家思想为基础的中国优秀传统文化主张在富民的基础上教民，进而达到仁政礼治。

国民共同富裕的思想是中国优秀传统文化的精华，也是社会主义核心价值观重要的源头活水。

中国古代以民为本的论述有很多，如"民惟邦本，本固邦宁""载舟覆舟""民贵君轻"等，但是，传统文化中的"以民为本"首先承认君王有绝对的统治权，同时要求君王在统治时对百姓的力量保持敬畏之心，使统治长久地延续，所谓"政之所兴，在顺民心"。中国特色社会主义追求的民主是人民当家做主，是创造人民美好、幸福生活的政治保障，首先表现为国家权力属于人民，与传统的民本思想有本质的不同，但又继承了中国优秀传统文化中重视民生的基本思想，克服了西方民主以个人主义为民主根基的流弊。

文明是实现中华民族伟大复兴的重要支撑。在汉语中，"文明"一词的"文"是"经天纬地"，"明"是"照临四方"，"文明"指政治光明，然后辅以诗书礼乐，教化世人，最终使百姓进退有节、行止有度，社会进步，脱离原始野蛮状态。今天我们提倡的文明同样是我们对社会进步的追求，具体来说是建设面向现代化、面向世界、面向未来的，以及民族的、科学的、大众的社会主义现代化文化事业。

和谐是中国优秀传统文化的基本理念。中国优秀传统文化充满对和谐、和睦、和合以及和平的热切追求。

中国传统的和谐思想体现为不偏不倚、中正和合的基本理念，它首先强调的是个人、社会、自然的和谐一致，其次是政治上推行仁政，君民和谐，协和万邦。今天我们提倡的和谐是处理好个人自身、人与人之间、人与社会之间、社会各阶层之间、人与自然之间以及国家与国家之间的关系，在文化的层面建设好中国人怡然自得、守望相助的精神家园。

富强、民主、文明、和谐是社会主义现代化国家在社会建设领域的价值诉求，是经济社会和谐稳定、持续健康发展的重要保证。

二、自由、平等、公正、法治

中国优秀传统文化有着自己独特的对自由、平等的价值追求，对公平正义的向往和持守。

自由是中华民族一直以来的追求和向往。它首先指一种特立独行的人格，其次指在这种人格辉映下做出不同流俗的人生选择，最后指这种人生选择带来的自得自乐的内心感受。

平等、公正在中国优秀传统文化中有源远流长的根源。中国古代的平等特别强调人格尊严的平等，尊重人的生命和价值，如"圣人与我同类""爱无差等"等。《大学》提出平天下的"絜矩之道"，提倡以推己度人为标尺的人际关系处理法则，达到做事中庸合德，公平、正义地对待每一个人，但是中国古代的平等、公正观念不是绝对意义上的。今天社会主义核心价值观所说的平等是不断实现实质平等，指的是公民在法律面前一律平等，人人依法享有平等参与、平等发展的权利；而公正指的是社会公平和正义，它以现代文明中人的自由平等为前提，是现代国家、社会的根本价值理念。

"法"在古代汉语中有多重含义，法家认为"礼""法"并重，都是规范百姓行为的体系；"法"由国家暴力机器用于强制百姓，"礼法共治，德刑合一"。社会主义法治则是治国理政的基本方式，依法治国是社会主义民主政治的基本要求。它通过法制建设来维护和保障公民的根本利益，是实现自由平等、公平正义的制度保证。

自由、平等、公正、法治是我们对美好社会的生动表述，也是从社会层面对社会主义核心价值观基本理念的凝练，反映了中国特色社会主义的基本属性，是中国共产党矢志不渝、长期实践的核心价值理念。

三、爱国、敬业、诚信、友善

爱国精神是人们对自己故土家园、民族和文化的归属感、认同感、尊严感与荣誉感的统一。爱国精神是中国优秀传统文化的重要特点，也是社会主义道德建设的重点内容。中国优秀传统文化中的爱国精神起源于朴素的对血缘故土的依恋珍惜之情。孔子离开鲁国周游列国前感叹："迟迟吾行也，去父母国之道也。"这种朴素的爱国情怀后来发展为忠君爱国和天下为一的核心思想。自觉维护国家统一和民族团结的爱国精神是我国传统文化的宝贵传承。我们应以振兴中华为己任，促进民族团结，维护祖国统一，自觉报效祖国。

我国古代一些学者把"敬"作为社会交往最基本的规则与人格修养最基本的标准。现在我们提倡的敬业精神是对公民职业行为准则的价值评价，要求公民忠于职守，克己奉公，服务人民，服务社会。

敬业是从业者的一种道德的自我约束。敬业的人专心致志、严肃认真、勤奋努力地对待自己的事业，辛勤劳动，诚实劳动，创造性劳动。

思 考

工匠精神与爱岗敬业有什么关系？为什么要大力提倡和弘扬工匠精神？

诚信即诚实守信。中国古代有关于诚信的论述很多，如"诚者天道""言必信，行必果""一言既出，驷马难追"等。

主 题 创新传承——中国优秀传统文化的现代化进程

诚信是伦理规范与德性修养的重要组成部分，是一种社会契约的精神，是人与人之间建立良好关系的基础，没有诚信，社会就会失序，包括传统文化在内的一切文化的根基都会轰然坍塌。社会主义核心价值观将诚信纳入其中，强调诚实劳动、信守承诺、诚恳待人，把它作为公民社会道德修养的必要内容和建立有序社会的基础条件。

在中国优秀传统文化中，友善是君子品性的必要条件，"君子莫大乎与人为善"。仁爱友善是中国人和谐相处的道德准则，"上善若水""仁者爱人"体现出与世无争包容友爱的善的品格。

社会主义核心价值观的友善以其为基础，但不等同，强调公民之间应互相尊重、互相关心、互相帮助，和睦友好，努力形成社会主义的新型人际关系。

顺应潮流　中国优秀传统文化的现代化

近现代以来，中国优秀传统文化一直面临生存的危机和转型的挑战。从1840年鸦片战争开始到中华人民共和国成立，中国传统文化不断进行以文化自救和重构为目的的转型探索。中国共产党带领人民，在继承中国优秀传统文化的基础上，将马克思主义与中国具体实际相结合，探索出一条特色鲜明、亮点纷呈且具有浓厚本土气息的国富民强之路——中国特色社会主义文化建设道路。

从洋务运动的"中学为体，西学为用"到章太炎的国粹主义，再到"五四"时期的古今中西之争，从胡适的全盘西化论到现代新儒学论，再到中国本位文化建设，在文化保守主义、激进主义等各种观点的争辩中，中国传统文化经历了将传统文化优秀因素与现代化相结合的探索过程。这一过程中先后形成了国粹主义、全盘西化论、中西调和论三种不同类型的文化理论。

国粹主义认为现代化过程中出现的种种文化滑坡问题必须靠完整复兴传统文化来解决，在传统中重新获得新的生命力；全盘西化论认为中国传统文化与现代化是背道而驰的，要想现代化，只能用西方文化彻底代替中国传统文化；中西调和论认为中、西两种文化是两个极端，而中国传统文化的现代化就是要调和这两个极端。

100多年的实践证明，这三条路都走不通。党的十九大报告中提出的"创造性转化、创新性发展"才是中华民族文化复兴的坦途，是指导、传承、发展中国优秀传统文化的重要方针。

一、传统文化与现代化的关系

第一，传统文化的现代化是我国现代化建设的重要组成部分。现代化建设并非仅是经济发展速度、规模、数量的增加，也并非仅是人均国民收入或人均生产总值的增加。我国的现代化建设是由经济、政治、科学、技术、文化建设诸要素组成的宏大系统工程，传统文化的现代化是整个现代化建设的子系统。

第二，传统文化与现代化又是相互依赖、相互渗透的关系。传统文化的现代化有赖于社会主义现代化建设的实践；现代化实践要通过传统文化的作用而具有民族的特点，从而为全体国民所接受。总之，一切民族与国家的现代化都以传统为前提，一切现代化都不过是创新和发展了的传统。传统文化只有以现代化为目标，向现代化迈进，才能作为活的传统而存在，即一切传统都是潜在的现代化，一切现代化都是实现了的传统。

第三，传统文化与现代化还是一种接力关系。任何一个社会经济制度、政治制度都深深地打着文化的烙印。没有文化上的觉醒和进步，就不可能有社会的全面进步。每个人，每个民族，每天都生活在自己的传统文化之中。所以说，传统文化直接或间接地参与了现代生活。通过传统认识社会和改造社会，同时也推动传统的变化。实际上每一个个体都是在参与民族文化的接力赛，进行传统文化与现代化的接力。

二、中国优秀传统文化的当代价值

中国优秀传统文化服务现代化发展的重要功能越来越清晰，其当代价值也不断彰显。

其一，以丰富的政治智慧服务于执政党治国理政实践。"半部《论语》治天下"一说，固然有过分褒奖之嫌，却也道出了孔子思想及中国传统文化中所具有的丰富政治智慧、其政治理论主张所具有的政治实践精神。为政以德、以民为本、正己正人、选贤任能等，都是古人政治智慧的体现，深刻影响了中国政治文化的发展。中国优秀传统文化中的丰富政治智慧，成为我们党治国理政的重要文化根基。

其二，以充沛的价值思想润泽社会主义核心价值观培育。我们倡导培育的社会主义核心价值观，无论是国家层面的富强、民主、文明、和谐，社会层面的自由、平等、公正、法治，还是公民个人层面的爱国、敬业、诚信、友善等，多与传统文化精神联通，从中可见传统文化传承至今的深远影响。核心价值观承载着一个民族、一个国家的精神追求；社会主义核心价值观的弘扬与践行，须从中国优秀传统文化中汲取丰富营养，使之成为涵养润泽社会主义核心价值观的精神资源。

其三，以正心修身的理念作用于人的德行养成与素质提升。钱穆概括中国文化要义为："以教人做一好人，即做天地间一完人，为其文化之基本精神。"中国优秀传统文化蕴含丰富道德资源与正心修身理念，教人如何坚守道德底线、追求完美人格、增强责任意识。所谓正心修身，是道德上的自我修养和人格上的自我完善，是人之为人的存养过程。传统文化强调，人之为人，要"行己有耻"，因为"人不可以无耻""耻之于人大矣"，需要"导之以德，齐之以礼，有耻且格"。人既要有耻，还要学礼。"不学礼，无以立""人无礼则不生，事无礼则不成，国家无礼则不宁"。正心修身是一种功夫，靠的是自律，且要善待他人，"己所不欲，勿施于人""己欲立而立人，己欲达而达人"。人要恻隐、仁爱、忠恕、明理、"与人为善"。从"贵和持中""心平气和""家和万事兴""和睦兴邦"中可见，"和"的观念辐射到中国人的内心深处，成为凝聚中华民族的强大力量。培养能够担当民族复兴大任的时代新人，需要从传统文化正心修身理念中汲取思想精华，通过教育引导、道德养成与行为矫正，切实提升社会主义新人的思想境界和综合素养。

其四，以完备的人际规范促进社会和谐。中国优秀传统文化对人际关系、人际交往规范、社会稳定和谐予以高度关注，积淀了十分厚重的理念资源。传统文化崇正，明确恪守正义规范，促进社会正气弘扬；立信，捍卫人际交往基本底线，确立诚信价值导向；尚仁，秉承仁爱交往理念，力戒社会冷漠和人际隔膜；重礼，营造祥和融洽氛围，建立和谐人际关系；和合，追求和而不同的交往守则，推崇尊重差异、和谐包容。传统文化强调，"义者，正也""义者，宜也""诚者天之道也，诚之者人之道也"，认为"里仁为美""仁，人之安宅也"，要"以信接人，天下信之"，以至"亲亲而仁民，仁民而爱物"。"和谐"理念及一系列构建要求，与中国传统文化中完备的人际规范息息相通。在化解社会矛盾、调适社会运行状态等方面，传统文化依然具有广泛影响。讲礼仪、讲诚信、讲正义、讲仁爱、讲和合，对当今调节人与人之间关系、促进社会和谐仍然十分重要。

其五，以深厚民族精神凝聚华夏儿女共襄复兴伟业。中华民族绵延5 000年，形成了以爱国主义为核心的伟大民族精神。"先天下之忧而忧，后天下之乐而乐""苟利国家生死以，岂因祸福避趋之""位卑未敢忘忧国""鞠躬尽瘁，死而后已"等，呈现出强烈的报国情怀与无畏的献身精神。中国人历来以爱国为崇高之志，以报国为终生之责，以国家之务为己任，强调"天下之本为国"，把国家利益、民族大义放在至高无上的地位。团结统一、爱好和平、勤劳勇敢、自强不息的理念，深深嵌入中华民族精神和群体意识中，渗透在国民性格与人生态度中。对勤劳的倡导与推崇，始终是传统文化的主调，如"民生在勤，勤则不匮""功崇惟志，业广惟勤""忧劳可以兴国，逸豫可以亡身"等。深厚持久的中华民族精神，把56个民族、14亿人紧紧凝聚在一起，夯实民族凝聚的基础，强化民族凝聚的动力。今天，我们比历史上任何时期都更接近、更有信心和能力实现中华民族伟大复兴目标。实现中华民族伟大复兴，需要全国人民齐心协力、同心同德，需要凝聚华夏儿女共同投身复兴伟业。民族精神的伟力不可替代、无可比拟。

其六，以包容和谐思维推动与世界文明交流互鉴。中华民族具有与其他民族和平共处、友好相待的优良传统，形成了和谐共生、海纳百川、兼容并蓄、和而不同等基本理念。历代中国人主张"和为贵",认为"和实生物",只有"和"才能"万国咸宁"。"和合"理念与和平追求根植于中华民族的思维深处,为我们处理民族与民族、国家与国家之间的关系提供了行为准则,为不同民族文化交流、不同文明形态交往确立了基本遵循。在处理民族和国家关系问题上,儒家讲求"以德服人",墨家提倡"非攻""尚同",兵家反对诉诸武力和战争,"百战百胜,非善之善者也;不战而屈人之兵,善之善者也"。传统文化认为,"海纳百川,有容乃大;壁立千仞,无欲则刚""万物并育而不相害,道并行而不相悖",由此形成了中华民族开明睿智、大气谦和的包容心态,铸就了华夏子孙"兼收并蓄、博采众长"的博大胸怀。在推进世界文明交流互鉴、构建人类命运共同体的当今时代,传统文化的包容和谐思维渗透到经济贸易、政治外交、民族交往、文明交流各领域,具有重要启示和借鉴意义。文明因交流而多彩,文明因互鉴而丰富,文明相处需要和而不同的精神。

三、中国优秀传统文化在现代化建设中的积极意义

(1)现代化也是人的现代化,人的观念的现代化,劳动者素质的现代化。现代化的企业需要具有高素质的劳动者、高效的管理和优秀的企业文化。中国优秀传统文化对培养高素质员工和建立优秀企业文化的作用越来越显著。现代科技的创新,科学管理的实施,也可以从传统文化宝库中汲取智慧。优秀的现代企业家都十分重视非经济因素对经济发展的深刻影响,关心企业文化的建设,注重企业道德的塑造,维护企业的信誉。经济建设与文化建设并驾齐驱,相得益彰,提升企业的核心竞争力。

(2)优秀传统文化对精神文明建设的积极作用更直接、更显著。优秀的传统文化能够激发人的民族自豪感和历史责任感,提升人的精神境界,凝聚全民族的力量,有利于现代化建设。我国社会主义现代文明是继承和发扬优秀传统文化的结果,优秀的传统文化是社会主义新文化的重要来源和组成部分。因此,我们一定要发掘优秀的传统文化,使其发挥更大的作用。

四、推进中国优秀传统文化现代化的措施

(1)有选择地继承吸收。首先,要坚持历史的方向,即使再优秀的传统文化也必然有自身历史的限性。其次,要用现代科学观考察中国传统文化,弘扬不是机械地复古,而必须根据新世纪知识经济的需求,进行有选择性的吸收、改造、创新。

(2)以中华传统节日为抓手,营造国学氛围。推出"我们的节气"系列文化活动和春节、清明、端午、中秋、重阳等传统节日民俗文化活动等。在传统节日前后宣传相关文化,如常见传统节日有春节、元宵、清明、端午、中秋、重阳;部分群众了解不深的节日,

如寒食节、中元节；少数民族相关节日，如开斋节、泼水节。通过这些传统的节令风俗，人们可初步了解我国古代人民的经济状况、生活习惯等，感悟伟大的民族精神、崇高的民族气节、高尚的民族情感、良好的民族礼仪等。

值得注意的是，在此过程中要以社会民间团体力量为主，政府相关部门多加引导，做好把控，以持续激发民间社会团体的内生动力，培育相关领域人才为目的，同时注意对所涉及相关产业企业、资金、流程严格把关，最大可能杜绝过度商业化。

（3）加大传统文化在教育中的比重。一方面，压缩现有中小学语文教材的篇目数量，侧重培养学生的听说读写能力。另一方面，由教育行政部门委托权威教学研究机构组织编写优秀传统文化经典读本，结合不同年龄阶段学生的认知特点，分编学前阶段、小学阶段、初中阶段、高中阶段分册，从小培养传统文化；在高等院校设立孔子学堂，开设琴、棋、书、画、诗、礼课程，培育"六艺"技能，通过广大学生群体向社会传播弘扬中国优秀传统文化。

（4）培养传统文化传承人。对于传承难以为继的传统文化，一是要政府相关部门在社会层面广泛宣传，提升其社会知名度，吸引有志于此的新鲜血液加入。二是要财政部门划拨资金，提高从业人员待遇，留住人才并吸引人才。三是对于少数传承濒临断绝的传统文化一定要做好传承维系工作。要对相关内容进行电子留档，并根据各地现实情况在各地院校设立相关学院、开设相关课程，维系其传承不绝。同时，各地要结合实际，加入本地民族文化、产业文化等内容，为其注入活力。

（5）结合实践，对传统文化进行创新，使其进一步丰富与发展。一个没有创新能力的民族难以屹立于世界先进民族之林，一种缺乏创新意识的文化难以代表先进文化的前进方向。中国传统文化的现代化需要注入近代的科学精神。我们要重视个性发展与社会的整体统一，实现科学与人文的统一。

总之，中国优秀传统文化要在现代社会重新焕发生机和活力，就必须从传统形态向现代形态转型，就必须经过"创造性转化、创新性发展"。"创造性转化、创新性发展"就是要把文化现代化的基本要求与本民族的传统文化结合起来，赋予文化现代化以民族特色，这是真正现实的、具体的、有活力的文化现代化。

拓展阅读

中国式现代化是人口规模巨大的现代化，是全体人民共同富裕的现代化，是物质文明和精神文明相协调的现代化，是人与自然和谐共生的现代化，是走和平发展道路的现代化。这是习近平主席近年关于"中国式现代化"的全新阐述，从多个层面总结和升华了中国式现代化新道路的思想内涵，深刻地揭示了中国特色社会主义文明新形态的基本特征，对于新时期丰富和发展马克思主义中国化思想具有里程碑的意义。

经过认真学习，我们深刻地认识到我国现代化建设之路，与中国优秀传统文化是相辅相成的。融合了中华民族精神的优秀的传统文化将作为现代化的一部分而贯穿中国现代化建设的全过程。

——

中国传统文化特别强调守正创新，认为其不仅仅是一种认知世界的方法，更是一种实践之路。《道德经》十五章中说："保此道者不欲盈，夫唯不盈，故能蔽不新成。""保此道"就是要立足"根正""不忘初心"，以求不忘本，不偏邪，不失根，不乱为；"不欲盈"就是谦虚待物不自满，不故步自封，不闭塞僵化，如此才能为后续的创新留足空间，才能促成"新成"出现。

从历史经验来看，在社会发展演变过程中，总难免会出现各种各样的诱惑和困局，或者使前行者迷失方向，或者使奋进者偏离轨道，或者使久行者半途而废。因此，在错综复杂的境况下更要持之以恒地"守正"。因为只有坚定"守正""不忘初心"，才能获得"邪不胜正"的自信，才能获得如孟子所言"威武不能屈"的力量，才能一如既往、不偏离康庄大道发展下去！正如《道德经》三十三章所说："强行者有志，不失其所者久。"

从另一方面看，"守正"不是故步自封，僵化保守地"守正"，不但守不了"正"，还会远离人类文明进步发展的正道。面对世易时移，随着外界条件的变化以及自身能力的提升，"正"的主体和内核不变而其外部形式需要与时俱进。因此，就需要通过推陈出新的"新成"方式来实现根本上的"守正创新"。

中国式现代化之路，最根本的"正"是"人民立场"，"江山就是人民，人民就是江山"。"中国式现代化"的五大特点中很多内容都与此紧密相关。

中国式现代化是人口规模巨大的现代化。我国 2022 年人口统计数据显示，总人口数量达到 14.12 亿人，占世界总人口的 18%。全部人口加起来不过 10 亿人的各发达国家，其现代化是经过了几百年工业化历程的，而我们作为世界上最大的发展中国家，仅用几十年时间就要整体迈入现代化，其难度和挑战都是前所未有的。可见，中国式现代化是一项非常繁重、复杂且极其伟大的系统工程，必将成为人类发展史上前所未有之壮举，为人类文明进步做出巨大贡献。

中国式现代化是全体人民共同富裕的现代化。我国现代化的奋斗目标，即是全体人民的共同富裕，推动发展成果更多更公平惠及全体人民，不断提高人民群众的获得感、幸福感、安全感。中国式现代化的最终受益者是 14 亿多的中国老百姓，体现出来自人民、根植人民、造福人民的人民立场。正如《道德经》四十九章所说"以百姓心为心"，要以民为本，顺乎民意，一切为万事万物服务，一切事情均按人民意愿来善治社会，这才是"社会最大的善"。这与世界上发达国家的现代化主要靠殖民掠夺和殖民扩张、压

主 题 创新传承——中国优秀传统文化的现代化进程

迫和剥削殖民地人民的道路是完全不同的。

中国式现代化是物质文明和精神文明相协调的现代化。习近平主席指出:"只有物质文明建设和精神文明建设都搞好,国家物质力量和精神力量都增强,全国各族人民物质生活和精神生活都改善,中国特色社会主义事业才能顺利向前推进。"这体现出我国现代化过程中为人民谋福利的具体内容,即促进社会财富的全面丰富和人的全面发展,既让人民物质生活水平不断提高,又让人民精神文化生活日益丰富。从根本上,这仍是坚持"人民立场",仍是在守正!

中国式现代化是人与自然和谐共生的现代化,充分体现了中国传统文化中的"天人合一""道法自然"等优秀传统的继承和发展,有别于欧美国家经历过数百年天人相分和以生态破坏为代价的现代化惨痛教训,"绿水青山就是金山银山"的重要思想深入人心,成为全国人民的实际行动,近10年来极大地改变了中国的生态环境。

中国式现代化是走和平发展道路的现代化。近几十年来的中国现代化进程,完全打破了西方扩张世界霸权来实现现代化的老路,积极推动"文明互鉴"和"构建人类命运共同体"和平发展战略,始终坚守和平共处五项基本原则和互利共赢的国际贸易规则,在和平中促发展,在发展中促和平,建设人类文明的新形态。

中国优秀传统文化的主流价值"以人民为本"的民本思想,与我们党秉持的"以人民利益为中心"高度契合。这恰恰是华夏五千年历史长河中的"定海神针"——是"以道治国"中的"道",是"天命所归"中的"命","师出有名"中的"名",是"历史潮流"中的"潮流",是顺应天意中的"天意"。只要深深扎根于此,我们就能在世界风云诡谲变幻之中岿然不动,保持战略定力,并能一往无前。

中国共产党领导实现现代化的过程中,始终坚持"为人民服务"之初心,时时处处强调"人民是地,人民是天,江山就是人民,人民就是江山"的执政理念。这是中国共产党能够取信于民,受人民拥戴的根本法宝。这也是五千年来中国的最根本的"正",是我们无穷自信的根本来源,是我们最珍贵的精神财富,也是人类文明的宝贵遗产,秉此开拓奋进,谁也阻挡不了中华民族的伟大复兴和历史发展的必然趋势。

二

历史变迁中的世界并非如如不动,而是日新月异。我国在参与世界文明的进程中如何以去故更新的"新成"方式来实现根本上的"守正",是我国现代化过程中面临的现实问题。十八大以来中国现代化建设实践也充分展现出开拓创新的伟大成就。

如何保护环境是我国现代化过程中面临的重大课题。从"保护环境、满足人民美好环境的需求"这一立场出发,亟须创新与环境相处之道,为此中国式现代化理论提出了我国的现代化是"人与自然和谐共生的现代化"。这个精彩论断指出,人与自然和谐共生，一方面人类的发展所需都来自自然，因此需要开发自然，另一方面人类也要爱护自然、反哺自然，以维护自然的生态平衡。这都说明人类离不开自然，二者共生。

从中国传统文化的主题来看，其与"天人合一"思想一脉相承。在"天人合一"思想体系中，"天"指的是包括宇宙天地、自然界、客观社会在内的自然理体，是人的存在前提和知行的理性依据。因此，人对于自然，不能为了满足一己私欲，肆意妄为地破坏地球环境，而应该如《道德经》二十五章所说："道大、天大、地大、人亦大。……人法地，地法天，天法道，道法自然。"人是居于道、天、地、人中的四大之一，且是四者之中唯一具有能动性的，应该主动探索和践行对自然的认识和保护。又如《抱朴子·内篇·塞难》所言，"天道无为，任物自然，无亲无疏，无彼无此也"，以及《太平经》所说，"天、地、人民万物，本共治一事，善则俱乐，凶则俱苦，故同尤也"，都是在告诉我们，天、地、人都同为自然界一部分，他们之间是共生共荣的关系，因此人的行为应该和客观自然融为一体，互爱互成，形成和谐融通的统一整体。

其实，我国的现代化过程不仅面临着自身内部的环境问题，由于世界日益紧密地联系在一起，与过去相比，国际环境也发生了翻天覆地的改变。如何以世界视野看待和尊重各国发展形态的多种多样，与之和平共处，并从中总结概括出一般性规律，为我合理采用，进而为世界发展做出贡献，也是通过创新以守正的题中之义。

《道德经》三十五章中说："执大象，天下往。往而不害，安平泰。"其内在含义是说，一方面，万物在遵行天道、与他者相处时，不可相互戕害，即相互之间应该和平交往、平等相处，既要发展自身，为自身和他者带来适宜的利益，又要从他者那里获取适合自身发展的营养。这是着眼于微观层面而言。另一方面，万事万物归往在一起，形成一个大系统的"天下"时，这个大系统的根本规则是平安和泰，也即这是个充满和平、安乐的大家庭，而不是一个充满敌视、争斗的组织系统。这是着眼于宏观格局而言。

"中国式现代化"是走和平发展道路的现代化。从深层思维逻辑来看：这要求既发展自身又造福世界，既坚持把国家和民族发展放在自己力量的基点上，又不断吸收借鉴人类文明一切优秀成果，推动构建人类命运共同体，不断为世界和平与发展注入强大正能量。也就是说，任何一个国家要想实现现代化，务必要在融入世界发展的进程中以博采众长的态度去吸收借鉴人类其他文明的优秀成果，以为我所用。与此同时，既要坚定立足自身发展，又要通过强大自身力量，最终服务人类命运共同体，造福世界。可见，命运与共，世界大同，应被确定为每一个国家追求现代化的最终目标。

最后，在百年未有之大变局的情况下，中国式现代化道路必将面临外部环境的巨大挑战，颜色革命、网络攻击、战争威胁、金融霸权等，就是要打破守正，阻断创新。但我们坚信，中华民族的伟大复兴是历史发展的必然趋势，中国人民高度认同中国共产党

确立的奋斗方向,只要我们巩固和加强走中国式现代化道路的坚定信念、顽强斗志和方式方法,充分发挥中国优秀传统文化在我国现代化建设中的作用,建设现代化强国的目标一定会实现!

(资料来源:守正创新 自信自强——中国优秀传统文化在我国现代化建设中的作用,中国网)

思考与实践

选取本地或中华民族普遍流行的民间工艺品,了解其产生背景、工艺品故事、工艺过程等,小组据此合作编写剧本,分角色将其演绎出来,并利用多媒体技术将其制作成中国风短片,将自己对传统文化的体验和思考用这种直观的、感染力强的方式表现出来。

参考文献

［1］郭敏飞. 中华优秀传统文化［M］. 大连：大连理工大学出版社，2020.
［2］朱忠义. 中华优秀传统文化精粹［M］. 北京：北京理工大学出版社，2021.
［3］潘天寿. 中国绘画史［M］. 北京：团结出版社，2006.
［4］陈从周. 说园［M］. 上海：同济大学出版社，2007.
［5］乌丙安. 中国民俗学［M］. 沈阳：辽宁大学出版社，1985.